Adalbert Feszler

Literatur und Tod bei Blanchot und Rilke

Eine philosophisch-literarische Annäherung an ihre Romane
„Der Allerhöchste" und „Die Aufzeichnungen des Malte Laurids Brigge"

Adalbert Feszler

LITERATUR UND TOD BEI BLANCHOT UND RILKE

Eine philosophisch-literarische Annäherung an ihre Romane
„Der Allerhöchste" und „Die Aufzeichnungen des Malte Laurids Brigge"

ibidem-Verlag
Stuttgart

Bibliografische Information der Deutschen Nationalbibliothek
Die Deutsche Nationalbibliothek verzeichnet diese Publikation in der Deutschen Nationalbibliografie; detaillierte bibliografische Daten sind im Internet über http://dnb.d-nb.de abrufbar.

Bibliographic information published by the Deutsche Nationalbibliothek
Die Deutsche Nationalbibliothek lists this publication in the Deutsche Nationalbibliografie; detailed bibliographic data are available in the Internet at http://dnb.d-nb.de.

∞

Gedruckt auf alterungsbeständigem, säurefreien Papier
Printed on acid-free paper

ISBN-13: 978-3-8382-0907-4

© *ibidem*-Verlag
Stuttgart 2016

Alle Rechte vorbehalten

Das Werk einschließlich aller seiner Teile ist urheberrechtlich geschützt. Jede Verwertung außerhalb der engen Grenzen des Urheberrechtsgesetzes ist ohne Zustimmung des Verlages unzulässig und strafbar. Dies gilt insbesondere für Vervielfältigungen, Übersetzungen, Mikroverfilmungen und elektronische Speicherformen sowie die Einspeicherung und Verarbeitung in elektronischen Systemen.

All rights reserved. No part of this publication may be reproduced, stored in or introduced into a retrieval system, or transmitted, in any form, or by any means (electronical, mechanical, photocopying, recording or otherwise) without the prior written permission of the publisher. Any person who does any unauthorized act in relation to this publication may be liable to criminal prosecution and civil claims for damages.

Printed in the EU

Inhaltsverzeichnis

I Einleitende Bemerkungen 9

II Literatur und Tod bei Blanchot 15

   1. Die Stellung von *Le Très-Haut* innerhalb des Gesamtwerkes von Blanchot 15

   1.1 Über die Schwierigkeit der Abgrenzung der Gattungsgrenzen zwischen den Romanen, den récits und dem essayistischen Werk 16

   1.2 Das Werk Blanchots im Überblick 26

   2 Die Literatur und das Denken des Todes. Versuch über Blanchots „Theorie des Schreibens" 30

   2.1 Das Denken (die Philosophie) und der Tod bei Blanchot 32

   2.2 Der unmittelbare Beginn des Schreibens 38

   2.3 Fragmentarisches Schreiben bei Blanchot, die Alterität und die Bestimmung der Literatur als „désoeuvrement" 45

   2.4 Die Unmittelbarkeit als Zentrum des Schreibens 49

      Exkurs: Das Schreiben Blanchots und die Skulpturen Giacomettis 55

   3 *Le Très-Haut* als Beispiel für das fiktionale Schreiben Blanchots in der Perspektive seiner „Theorie des Schreibens" 58

   3.1 Zeitsprünge und der Orest-Mythos 58

   3.2 Die „Erzählstimme", die als „Neutrum" erzählt 63

   3.3 Der Roman „Der Allerhöchste" 70

      3.3.1 Der Ich-Erzähler Henri Sorge 72

      3.3.2 Foucault und das „Denken des Außen" bei Blanchot 75

	3.3.3	Blanchot und Beckett 80

       3.3.4 Le Très-Haut und die Bedrohlichkeit des Sterbens und des Todes 82

       1.   Versuch einer Beschreibung der Rahmenbedingungen und der Verortung der Ereignisse des Romans Le Très-Haut 84

       2.   Sprache, „Sprach-Verrückung" und Sprach-Auflösung des Romans 86

       3   Die „Beziehungen" Henri Sorges zu Anderen 90

III Literatur und Tod bei Rilke 97

4   „Poetologische Fiktion" und Schreiben über den Tod bei Rilke 97

   4.1   Das Schreiben über den Tod in Rilkes Werk 98

   4.2   Blanchot über Rilkes Malte-Roman 102

   4.3   Die selbsteflexiven Ausführungen Rilkes zum „Erzählen" oder seine „poetologische Fiktion" 110

       4.3.1 Die erzählerische Form des Malte-Romans 110

       4.3.2 Malte als Subjekt und Objekt dichterischer Einbildung 114

       4.3.3 Malte als inszeniertes Autor-Ich und als fiktive Person des Romans 117

       4.3.4 Die Form des Malte-Romans als Montage-Roman oder der Weg der Aufzeichnungen des Malte Laurids Brigge vom „Buch" zum „Werk" 121

   4.4   Literatur und Tod im Malte-Roman 124

       4.4.1 Der Tod als anonymer Tod in der Großstadt Paris 127

       4.4.2 Die 18. Aufzeichnung des Malte-Romans 132

           1.   Maltes Konfrontation mit dem Sterben des Mannes in der Crèmerie und Fragen der Ichauflösung und Icherweiterung 132

           2.   Die „Zeit der anderen Auslegung". Über Schreiben und Geschriebenwerden 136

4.4.3   Der Tod der beiden Großväter Maltes 139
1.   Der Tod als „eigener Tod" des Kammerherrn Brigge 139
2.   Die Einstellung des Grafen Brahe zum Leben
und zum Tod 147

IV Schlussbemerkungen **151**

Literaturverzeichnis **155**

1.   Primär- und Sekundärliteratur zu Blanchot 155

1.1   Verwendete Bücher und Aufsätze Maurice Blanchots 155

1.2   Verwendete Sekundärliteratur zu Blanchot 156

2.   Primär- und Sekundärliteratur zu Rilke 158

2.1   Verwendete Primärliteratur von R. M. Rilke 158

2.2   Verwendete Sekundärliteratur zu Rilke 159

3   Sonstige verwendete Literatur 160

I Einleitende Bemerkungen

> *„Wenn der Tod das Reale ist, und wenn das Reale das Unmögliche ist, dann nähert man sich dem Gedanken der Unmöglichkeit des Todes."* (Blanchot)

Bei der Lektüre der beiden Romane, um die es in dieser Arbeit geht, ist mir aufgefallen, dass sie beide in ihrer jeweiligen Art, wie sie geschrieben sind und wie sie rezipiert werden könnten, sich einerseits signifikant voneinander unterscheiden, andererseits aber auch Parallelen aufweisen, die mich veranlasst haben, beide zum Gegenstand einer Arbeit zu machen.

Beim Malte-Roman Rilkes ist die fragmentarische *Form* auffallend, die auch – je nach Lesart der Fragmente – nur sehr differenzierte Interpretationen zulässt.

Sowohl *Die Aufzeichnungen des Malte Laurids Brigge* als auch Blanchots *Der Allerhöchste* werden als „Romane" bezeichnet, wobei die Übersetzerin des Romans, Nathalie Mälzer-Semlinger, in ihrem Nachwort schreibt, dass sich schon nach wenigen Seiten der Lektüre zeige, „dass hinter den fiktiven Dialogen zwischen den Figuren nicht nur die Absicht steckt, eine Handlung voranzutreiben und Konflikte zu entwickeln, sondern dass sich in ihnen auch ein *sprachphilosophisches Denken* entfaltet und exemplifiziert."[1] Dieser Einschätzung des Romans möchte ich mich anschließen und versuchen, dies in der Arbeit näher auszuführen.

---

[1] In: Blanchot. Der Allerhöchste. Berlin. 2011. S. 396. Hervorhebung von A.F.

Aus der *fragmentarischen Schreibweise* des Romans von *Rilke* resultiert für mich die zentrale Frage danach, was dies für den Leser bedeutet, welche Lesart die dem Roman angemessenste sein könnte oder sich zumindest aufdrängt. Dass fragmentarisches Schreiben keine Erfindung der Moderne, des 20. Jahrhunderts ist, sondern seine neuzeitlichen Wurzeln bereits theoretisch und praktisch in der Romantik hat (z. B. bei Schlegel und Novalis), macht beispielsweise Petersen in seiner Interpretation des Malte-Romans deutlich. Dazu ein Zitat; „Es wäre zu viel gesagt, wollte man die Romantik geradezu als Epoche des Montageromans bezeichnen, aber unbezweifelbar wird die Poetik der Frühromantik von dem Gedanken geprägt, daß der Roman etwas ganz anderes zu sein hat als ein in sich geschlossenes und streng kohärentes Ganzes."[2] Seine Sichtweise des Romans von Rilke halte ich weitgehend für schlüssig und ist als Orientierungshilfe geeignet.

Interessanterweise hat sich auch Blanchot (in einem Aufsatz seines Buches *L'entretien infini* mit dem Titel „Das Athenäum") über das fragmentarische Schreiben und das Schreiben über das Fragment bei den Romantikern, bei Novalis und vor allem bei F. Schlegel, geäußert.[3] Dazu an dieser Stelle nur eine kurze Anmerkung von ihm, nämlich dass die Literatur von nun an die Frage und den Anspruch in sich tragen werde, nämlich „Diskontinuität oder Differenz als Form."[4]

In einem Aufsatz in „Das Neutrale" schreibt Blanchot auch vom Denken als „reisendes Denken" (pensée voyageuse), das sich in Fragmenten vollzieht.[5]

---

[2] Petersen. Stuttgart. 1991. S. 68.
[3] In: V. Bohn (Hrsg.): Romantik. Frankfurt/M. 1987. S. 107-120.
[4] Ebd. S. 119 f.
[5] Blanchot. 2010. S. 161 („Das Denken und die Forderung der Diskontinuität")

Inhaltlich ist bei beiden Romanen die *Todesthematik* auffallend, die ebenfalls in den anderen Werken beider Autoren im Zentrum steht, wenn auch sicher mit unterschiedlichen Akzentuierungen bei Blanchot und bei Rilke. Auffällig ist auch, dass bei beiden Autoren die *Problematik des Erzählens* in einer Art Selbstreflexion des Erzählvorgangs immer wieder vorkommt, so dass man bei Rilke von einem „poetologischen Sub-Text" (Dembski. 2000. S. 11) sprechen kann. Dies gilt aber auch für Blanchot. Die Übersetzerin des Romans „Le Trés-Haut", Nathalie Mälzer-Semlinger, schreibt, dass der Roman „auch in seiner Scharnierfunktion zwischen den fiktionalen und nicht-fiktionalen Schriften Blanchots zu begreifen" sei, und dass er „ein Übergang vom Roman zum Metaroman, der seine eigene Kritik in sich trägt" sei. „Er ist sowohl fiktive Narration als auch Sprachkritik, die sich im Text auf mehreren Ebenen ansiedelt." (S. 386)[6] Damit ist auch bei Blanchot ein „poetologischer Sub-Text" da, zumal dann, wenn man seine übrigen Schriften über das Schreiben, über den Autor, den Text, das Werk und den Leser mit einbezieht, z. B. „Die Literatur und das Recht auf den Tod", „Die große Verweigerung" und „Die wesentliche Einsamkeit."

Auch *Foucaults Diskurstheorie* nimmt hinsichtlich der Selbstreferentialität von literarischen Texten Bezug auf diesen Sachverhalt (und erwähnt dabei ausdrücklich auch Blanchot), wenn er von der Verdoppelung der modernen Literatur schreibt, die etwas beschreibt und gleichzeitig diese Beschreibung inszeniert. Die Sprache spricht von sich selbst und erzählt in gewisser Weise das eigene Erzählen. Ulrich Schmid drückt es so aus: „Der frühe Foucault traut der Literatur zu, einen emanzipatorischen Gegen-

---

[6] Bloße Seitenangaben im Text beziehen sich künftig auf die in Anmerkung 1 gemachten Angaben der Textausgabe des Romans.

diskurs zu den dominanten Alltagsdiskursen zu etablieren. Gerade ihre Fähigkeit, Gegenstand und Reflexion über diesen Gegenstand kurzzuschließen, bewahrt sie davor, eine einzelne Wahrheit festzuschreiben."[7]

Ich möchte in meiner Arbeit auch Foucault, soweit er sich auf Blanchot bezieht, in meine Untersuchung der Texte Blanchots mit einbeziehen, vor allem seinen schon erwähnten Aufsatz „Das Denken des Außen", in dem er sich mit Blanchot beschäftigt (siehe vor allem Abschnitt 3.3.2).

Bernd Blaschke schreibt in einem Aufsatz zum 100. Geburtstag Blanchots: „Die Grundlagen und Möglichkeiten des Schreibens sowie die Darstellung des Undarstellbaren, vornehmlich des eigenen Todes, beschäftigen Blanchot seit den frühen literarischen Texten."[8]

Nach Blanchot korrespondieren Literatur (Schreiben, Schrift) und Tod in seinen Schriften, den Romanen, den Erzählungen (récits) und den literaturtheoretischen Arbeiten. Das Thema Literatur und Tod ist bereits seiner „Literaturtheorie" inhärent, weshalb dieser in einer ersten Herangehensweise an das Thema dieser Arbeit besondere Aufmerksamkeit gewidmet ist.

Im Unterschied zu den sehr ausführlichen Darstellungen der Frage nach dem Tod im Malte-Roman Rilkes fehlen konkrete Ausführungen Blanchots zum Tod in seinem Roman *Le Très-Haut*. Er wird mehr indirekt angesprochen, nämlich eher in dem allgemeinen Eindruck der durch die drohende Seuche vermittelten Angstvorstellungen, die sich beim Lesen sehr stark in den Vordergrund schieben.

---

[7] In einem von ihm herausgegebenen Band bei Reclam: „Literaturtheorien der Gegenwart." Stuttgart 2010. S. 255.
[8] www.literaturkritik.de/public/rezension.php?rez (22.11.13)

So mein persönlicher Leseeindruck. Diese Art Blanchots über konkrete individuelle Todesfälle *nicht* zu schreiben, aber den Eindruck von Angst und Todesbedrohung zu vermitteln, betrifft, meiner Einschätzung nach, auch das übrige literarische Werk Blanchots, wo Tod und Sterben zwar auch individuelle Züge tragen, obwohl dies keineswegs immer eindeutig für den Leser zu erkennen ist. In seinen Romanen und récits werden die dort auftauchenden Protagonisten (soweit diese überhaupt als handelnde oder nicht-handelnde Individuen kenntlich gemacht werden) immer wieder mit dem Tod anderer und der eigenen Todesbedrohung konfrontiert. Da die thematische Fokussierung der vorliegenden Arbeit doch eher beim Roman *Le Très-Haut* liegt und bei der Todesproblematik, die in seiner „Literaturtheorie" auftaucht, möchte ich meine Ausführungen nur insoweit auf die récits ausdehnen, als sie zur Verdeutlichung der auch den Roman *Le Très-Haut* betreffenden Aspekte dienen. Blanchot beschäftigt sich im essayistischen Teil seines Werkes, vor allem im Spätwerk, wie in *Le pas au-delà* und in der *Schrift des Desasters* ausführlich mit dem Thema Literatur, Tod und Sterben.

Auch Rilke thematisiert den Tod nicht nur in seinem Malte-Roman, sondern auch in seinem übrigen Werk, was in dem Rilke-Teil dieser Arbeit angesprochen wird, wie z. B. in *Die Weise von Liebe und Tod des Cornets Christoph Rilke* und im dritten Teil des *Stundenbuchs* mit der Überschrift „Von der Armut und vom Tode". Diesen Aspekt verdeutlichen meine Ausführungen in 4.1; im Abschnitt 4.2 habe ich die Ausführungen Blanchots zu Rilke dargestellt, soweit sie zur Deutung des Malte-Romans beitragen.

Der darauf folgende Teil 4.3 ist den poetologischen Selbstreflexionen Rilkes gewidmet, die dann auch Grundlage für die eigentliche Auseinandersetzung mit dem Malte-Roman im Hinblick auf das Thema der Arbeit im folgenden Teil sind.

In Teil 4.4 werden die im Malte-Roman dargestellten Aufzeichnungen über den anonymen Tod in der Großstadt Paris und über den „eigenen Tod", der exemplarisch am Tod von Maltes Großvater Brigge aufgezeichnet wird, gegenübergestellt und die Problematik eines „eigenen Todes" mit der Thematik der „Ent-Ichung" (in der Terminologie von Walter Sokel[9]) im Zusammenhang mit dem Ichzerfall des schreibenden Subjekts dargestellt.

Der Schlussteil meiner Arbeit geht der Frage nach einigen Gemeinsamkeiten und Unterschieden nach, wie Blanchot und Rilke in ihren vorgestellten Romanen und darüber hinaus zum Thema „Literatur und Tod" geschrieben haben, wobei von mir kein definitives „Ergebnis" der vorliegenden Arbeit formuliert oder festgestellt werden kann, da es beiden Autoren gemeinsam ist, dass sie diese Thematik in weiteren Werken immer wieder neu aufgegriffen und verändert haben.

---

[9] Sokel, Walter H.: „Zwischen Existenz und Weltinnenraum: Zum Prozeß der Ent-Ichung im Malte Laurids Brigge." In: H. Solbrig u.a. (Hrsg.): „Rilke heute". Frankfurt/M. 1975. S. 105-129.

II Literatur und Tod bei Blanchot

1. Die Stellung von *Le Très-Haut* innerhalb des Gesamtwerkes von Blanchot

Rainer Stillers schreibt in seiner Dissertation über Blanchots Roman *Thomas l'Obscur* einleitend über die „nicht leicht zu überwindenden Widerstände, welche die Erzählwerke Blanchots dem Leser entgegensetzen." (Stillers: „Blanchot". 1979. S. 12) Ebenso erwähnt die Übersetzerin des Romans *Le Très-Haut*, Nathalie Mälzer-Semlinger, dass der Grund für die späte Rezeption Blanchots darin liegen könnte, dass der Ruf seiner Texte so ist, dass sie „als hermetisch, dunkel und sperrig gelten." (S. 383) Diese Dunkelheit immer erhellen zu wollen, ist meines Erachtens nicht in jedem Fall die richtige Methode, sich seinem Werk zu nähern. Blanchots theoretische Auffassung der literarischen Sprache, des literarischen Schreibens, also seine „Literaturtheorie", muss in jedem Falle bei der Auseinandersetzung mit seinen fiktiven Schriften, somit auch bei seinem Roman *Le Très-Haut*, insoweit am Anfang stehen, als in seinen Schriften durchaus auf die Sprache bezogene, poetologische Bezüge auftauchen, selbst wenn es bei flüchtigem Lesen den Anschein hat, als schreibe er als Literaturkritiker „nur" über bestimmte Autoren oder deren Werke. Beim Lesen seiner theoretischen und literarischen Bücher (diese Unterscheidung möchte ich als heuristische Annahme vorläufig mal zulassen) hat sich mir ein selbstbezügliches Schreiben über das Schreiben immer deutlicher aufgedrängt. Deshalb möchte ich vorsichtig eine „These" formulieren, die besagt, *dass sein theoretisches Schreiben als Literaturkritiker*, also vor allem seine Kommentare über die Werke anderer Autoren, *auch eine poetologische Aus-*

sage über sein eigenes literarisches Werk sind. Ich werde versuchen, dies in der vorliegenden Arbeit zu zeigen und an Beispielen deutlich zu machen.

1.1 Über die Schwierigkeit der Abgrenzung der Gattungsgrenzen zwischen den Romanen, den récits und dem essayistischen Werk

Blanchot hat neben Romanen auch Erzählungen („récits") veröffentlicht und als Literaturkritiker über Werke anderer Autoren geschrieben. Es entsteht der Eindruck, dass er in seinen Schriften über andere Autoren vor allem über *die* Autoren geschrieben hat, die ihn selber beeinflusst und geprägt haben, wie z. B. Kafka, Rilke und Beckett; dabei erwähne ich hier nur seine Schriften über die Werke der Autoren, die ich im Rahmen der vorliegenden Arbeit aufgreifen möchte, um meine oben formulierte „These" zu belegen. Besonders ist dabei sein Buch *Kafka über Kafka* zu nennen, der den Essay „Die Literatur und das Recht auf den Tod" enthält, der programmatisch auf das Schreiben, die Autorschaft, das Werk und den Leser (im Zusammenhang mit dem Begriff des „désoevrement", der noch näher zu erklären sein wird) eingeht. Daneben ist von den literaturtheoretischen Texten, die von ihm veröffentlicht wurden, hervorzuheben das Buch *Der literarische Raum*, der Artikel zusammenfasst, die vorher in Zeitschriften (wie „Les Temps modernes" und „Nouvelle Revue francaise" u.a.) erschienen sind. Aus diesem Buch ist für die vorliegende Arbeit besonders wichtig der Essay „Die wesentliche Einsamkeit" und das Kapitel „Das Werk und der Raum des Todes", in dem er sich ausführlich mit Rilke beschäftigt unter der Überschrift: „Rilke und die Anforderung des Todes". Für mich spielen diese Aussagen Blanchots zu Rilkes *Malte* eine entscheidende Rolle in der Auseinandersetzung mit dem Roman und mit der Fragestellung von Literatur und Tod bei Rilke und bei Blanchot selbst.

Der Herausgeber des Buches *Der literarische Raum*, Marco Gutjahr, warnt davor, in diesem Buch „das heimliche Zentrum seiner literarischen Schriften erblicken zu wollen", da diese Texte Blanchots „kategorisch die Grenzen zwischen den Gattungen (unterlaufen)." (Blanchot. Berlin. 2012. S. 320)

Ich würde noch weiter gehen und die „These" vertreten, dass dies für alle geschriebenen Texte Blanchots (vielleicht einige politische Texte ausgenommen) gilt.

Christian Moser schreibt in einer Rezension von Gelhards Dissertation über Blanchot, dass das Werk Blanchots dazu geeignet sei,

> „ein Denken zu irritieren, das mit klaren Abgrenzungen – sei es zwischen den Diskursen, sei es zwischen den Disziplinen – operiert. Blanchot hat Romane verfaßt, scheut aber nicht davor zurück, darin der abstrakten philosophischen Reflexion einen Platz einzuräumen. Auf der anderen Seite sind seine theoretischen Schriften keine systematischen Abhandlungen, sondern besitzen die offenere Form des Essays, des Dialogs oder des Kommentars." Deshalb sei die Einordnung des Verfassers als „Dichter, Philosoph oder Literaturkritiker" besonders in Deutschland schwierig, zumal sein Werk bislang nur partiell in deutscher Übersetzung vorliegt.[10]

Wichtig scheint mir noch der Hinweis Marco Gutjahrs im Nachwort zum *Literarischen Raum* – was aber nach meiner Einschätzung nicht nur für dieses Buch, sondern für alle Texte Blanchots gilt –,

> dass „Blanchots Lektüren nicht einer hermeneutischen Detektivarbeit (dienen), die hinter jedem Dunkel ein Licht, hinter jeder Tür etwas zu

---

[10] www.parapluie.de/archiv/zeugenschaft/aufgelesen/issn. (22.11.2013)

Entdeckendes und hinter jedem Geheimnis etwas, das zu lüften wäre, vermuten." Es werde ein Begriff von Lektüre stark gemacht, der Verstehen suspendiert und „in jene Tiefen der Literatur vorstößt, die eine Erfahrung der Sprache ermöglichen, die nur als eine Erfahrung ‚der Auflösung, des Verschwindens, der Verleugnung des Subjekts', so Michel Foucault, betrachtet werden kann." (Blanchot. Berlin. 2012. S. 322)

Dieser Hinweis soll an dieser Stelle genügen; ich werde vor allem bei Betrachtung der Auseinandersetzung Foucaults mit Blanchot auf diesen Aspekt der Rolle des Subjekts (des Ich-Erzählers, des Autors, des Lesers) näher eingehen, und auch bei dem Versuch der Beantwortung der Frage nach dem Subjekt (der „Erzählstimme") des Ich-Erzählers in Blanchots Roman.

1. Beispiel aus: *Thomas l'Obscur* (geschriebenes Wort und Leser betreffend):

An dieser Stelle soll nur ein Beispiel aus dem ersten Roman Blanchots *Thomas l'Obscur* verdeutlichen, wie bei Blanchot „die Grenzen zwischen den Gattungen" unterlaufen werden. Im 4. Kapitel der zweiten Fassung dieses Romans, die kurz nach der Veröffentlichung von *Te Très-Haut* erschien, geht es um den lesenden Protagonisten Thomas:

> „Er las mit unüberbietbarer Genauigkeit und Aufmerksamkeit. ... Die Worte, die aus einem mit tödlicher Macht versehenen Buch stammten, übten eine milde und friedliche Anziehung auf den Blick aus, der sie berührte. *Jedes Wort ließ den allzu lebhaften Blick wie ein halbgeschlossenes Auge in sich ein*, es hätte ihn unter anderen Umständen nicht eingelassen. Thomas glitt so auf diese Gänge zu, näherte sich ihnen wehrlos bis zu *dem Augenblick, wo der innere Bezirk des Wortes ihn erblickte*. ... Mit Freuden sah der Leser sich diesen kleinen Funken Leben an, den zweifellos *er* erweckt hatte. Mit Vergnügen *sah er sich im Auge, das ihn sah.*"

Thomas liest sich, statt Bezüge im gelesenen Text herzustellen oder nach einem Sinn zu suchen, immer tiefer in das eine Wort hinein, bis

> „die Worte sich seiner bemächtigten *und ihn zu lesen begannen*. Er wurde von Händen fühlbar ergriffen und durchdrungen, von einem Zahn mit Gift gebissen; mit seinem webenden Körper *drang er in die namenlosen Formen der Wörter ein, gab ihnen von seiner Substanz, legte ihre Beziehungen fest, verlieh dem Wort ‚Sein' sein Sein*. Stundenlang blieb er reglos, von Zeit zu Zeit *das Wort Augen anstelle der Augen*."[11]

Luzius Keller schreibt in seiner Besprechung des Romans:

> „Das Wort wird zum schöpferischen Zentrum des Romans. ... Als Romancier und auch als Kritiker kreist Blanchot unaufhörlich um dieses Zentrum. Seine Essays gleichen weniger Einzelstudien zu verschiedenen Autoren als einer Folge von identischen Bemühungen um das Wort, die Sprache und die Literatur. Kritiker und Romancier sind in Blanchot nicht zu trennen. Seine Lektüre wird zum Romanstoff, doch wird ihm sein Roman auch zur Lektüre. ... Und nun entfacht sich zwischen Thomas und dem Wort ein Kampf auf Leben und Tod. Thomas Gegner aber sind unfaßbar, ist er doch das grundlegend andere. ... wird hier vom Sein und dessen Zerstörung gesprochen und vom Sterben der Wirklichkeit geschrieben, doch nicht in der Form eines philosophischen Essays, sondern in der Form des Romans."[12]

Für mich wird an den hervorgehobenen Stellen des obigen Zitats des ersten Romans Blanchots deutlich, welche Bedeutung Blanchot der Beziehung des Lesers zu einem geschriebenen Buch beilegt, da dieser das *Buch* erst zu einem *Werk* macht, indem er das Geschriebene (symbolisiert im Wort, in den Wörtern) bildstark in dem Vergleich des gelesenen Wortes mit einer Ratte, die den Leser anspringt, ausdrückt. Vom Leser wird gesagt, dass er fühlte,

---

[11] Blanchot: Thomas der Dunkle. 1987. S. 21. Hervorhebungen von A.F.
[12] Keller, 1968. S. 187.

„wie er gebissen oder geschlagen wurde, er konnte es nicht genau sagen, und zwar von etwas, das ihm ein Wort zu sein schien, das aber eher einer riesigen Ratte ähnelte, mit durchdringenden Augen, mit glänzenden Zähnen, ein allmächtiges Tier." (Blanchot: Thomas der Dunkle. 1987. S. 25) In *Le Très-Haut* heißt es an einer Stelle eher lapidar, es *komme auf jedes Wort an*.[13]

2. Beispiel aus: *Der Gesang der Sirenen* (récit und Roman betreffend)

Bemerkenswert scheint mir die in der mir bekannten Sekundärliteratur zu Blanchot häufig hervorgehobene Trennung zwischen seinen Romanen und Erzählungen (récits), die sicherlich in feststellbaren Merkmalen auch besteht. Der Hauptunterschied scheint mir das zunehmende Wegfallen von in den Romanen noch existenten „realistischen" Passagen und Personenkonstellationen zu sein, die in den eigentlichen récits nicht mehr vorkommen oder nur sehr schwer erkennbar sind, und die dem Leser die Orientierung über Örtlichkeiten und Personen und die Zuordnung von „Dialogen" zu Personen erschweren oder gar unmöglich machen. Dies gilt nach meiner Leseerfahrung aber bereits auch für die chronologisch den récits vorausgehenden Romane, und damit auch für *Le Très-Haut*.

Peter Klöppel schreibt in seinem Buch „Die Agonie des Subjekts", dass „in Blanchots Erzählungen der nach epischer Nahrung hungernde Leser auf der Strecke" bleibe.[14] Dies verdeutlicht meines Erachtens doch einen wesentlichen Aspekt der récits, viel-

---

[13] Seite 32 heißt es z.B.: „dass ... jedes kleinste Wort von Bedeutung ist" und S. 232 steht: „... als wären die Wörter nur das Attribut einer neutralen Präsenz."
[14] Klöppel. 1991. S. 62.

leicht der fiktionalen Werke Blanchots überhaupt, in denen die Sprache der Referenzen entbehrt, die bei „realistischer Literatur" geradezu konstitutiv ist, nämlich der „epischen" Ebene, der „romanhaften" Beschreibung.

Blanchot hat über den récit in dem Essayband *Der Gesang der Sirenen* geschrieben, z.B. in dem ersten Aufsatz des Buches, betitelt „Die Begegnung mit dem Imaginären", in dem es u.a. über das Verhältnis des Dichters Homer zu der von ihm beschriebenen Gestalt des Odysseus geht und um den Gesang der Sirenen, wie in der Odyssee beschrieben. Ich möchte doch den Teil der Ausführungen Blanchots aus diesem Aufsatz herausgreifen, der sich mit den Merkmalen des récits beschäftigt, wobei für mich auffällig ist, dass die dort beschriebenen Eigenschaften des récits auch in seinem Roman *Le Trés-Haut* zu finden sind.

Über den récit[15] schreibt Blanchot, dass er im Allgemeinen eine „außerordentliche Begebenheit zum Inhalt hat, eine Begebenheit, die aus dem Rahmen der alltäglichen Zeit fällt und mit der gewöhnlichen Wahrheit, ja vielleicht mit der Wahrheit überhaupt, nichts zu tun hat." Und später im Text heißt es dann:

---

[15] Der Übersetzer der deutschen Ausgabe des Buches Karl August Horst übersetzt récit fast durchgängig mit „Sage" (aber auch mit „Erzählung" oder „Geschichte"), wobei meines Erachtens – zumindest in der vorliegenden deutschen Übersetzung – fast ganz verloren geht, dass es hier um wesentliche Aussagen Blanchots über Merkmale des fiktionalen Erzählens geht. Ich habe im Folgenden deshalb das Wort „Sage" durch récit ersetzt, was nach meiner Lesart nicht nur zulässig, sondern zum besseren Verständnis auch notwendig erscheint.
Hinweisen möchte ich noch auf eine Anmerkung Daniel Baranowskis in seiner Dissertation (Baranowski. 2009. S. 191. Anm. 414), wo er schreibt, dass die Übersetzung von récit zu „Sage" auf den „Grenzort der Texte Blanchots zwischen Philosophie und Literatur (verweist) und Heideggers Bestimmung der Sage als Nähe von Dichten und Denken (evoziert)", und er belegt dies mit einem Zitat von Heidegger, das ich hier nicht weiter ausführe.

„Doch verfehlt man gründlich den Charakter des récit, wenn man in ihm die wahrheitsgemäße Berichterstattung von einer außergewöhnlichen Begebenheit erblickt, einer Begebenheit, die stattgefunden hat und die man wiederzugeben versucht. Der récit ist *nicht der Bericht von einer Begebenheit, sondern diese Begebenheit selber, das Herankommen dieser Begebenheit, der Ort, an dem sie stattzufinden berufen ist; noch steht er als Begebenheit bevor*, aber seiner (statt des im zitierten Buch auf *die* Sage bezogenen „ihrer". A.F.) Anziehungskraft mag es gelingen, dass auch der récit wirklich wird." Und dann heißt es noch im Text weiter über den *„Anspruch des récit, er ‚berichtet' nur sich selber, aber dieser Bericht bringt im Vorgang des Berichtens das, was erzählt wird, hervor* ..." (Blanchot, Der Gesang der Sirenen. 1982. S. 16f. Hervorhebungen A.F.)

Diese Passagen scheinen mir insofern besonders wichtig, weil Blanchot dem récit einerseits die Eigenschaft zuspricht ein Bericht über eine „außerordentliche Begebenheit" zu sein und andererseits diese Eigenschaft auch wieder abspricht, wenn man den Bericht als etwas betrachtet, das zeitlich *nach* der Begebenheit, die bereits stattgefunden hat, ansieht. Der récit *ist* das Ereignis. Daniel Bengsch schreibt dazu:

„Das Ereignis des Erzählens fällt mit dem Erzählen eines Ereignisses zusammen. Die Narration bringt die Geschichte nicht hervor, sie ist selbst Geschichte und damit das Ereignis, das erzählt wird."[16]

Der récit, der ein literarisches Ereignis darstellt, fällt „aus dem Rahmen der alltäglichen Zeit", wie Blanchot formuliert. Die Kunst des Erzählens lässt „die unterschiedlichen Ekstasen der Zeit koinzidieren", das meint, die Begebenheit des récits findet statt „immer erst künftig, immer schon vergangen, immer gegenwärtig in einem so jähen Anfang, daß es uns den Atem verschlägt, und dabei gleichwohl sich entfaltend wie ewige Wiederkehr oder ewiger Wiederbeginn." (Blanchot. 1982. S. 20, 21)

---

[16] Bengsch. 2011.S. 124

Das hier über den récit Geschriebene gilt meines Erachtens nicht nur für die spezifische Form der Blanchot'schen récits, sondern gilt grundsätzlich für das Schreiben von Literatur, wie sie Blanchot vorschwebt, und wie er sie auch geschrieben hat.

Das Beispiel, das Blanchot hier gibt, ist ein Ausspruch Goethes, den er zitiert (ohne das Zitat auch nachzuweisen):

> „Ach du warst in abgelebten Zeiten meine Schwester oder meine Frau"; und er erläutert:
> „Solcher Art ist die Begebenheit, auf die uns der récit in unendlicher Annäherung hinlenken will. Diese Begebenheit stürzt die gewohnten Zeitverhältnisse um, doch bestätigt sie zugleich die Zeit, in der besonderen Art nämlich, wie die Zeit sich erfüllt, und es ist dies *die Zeit*, die dem récit eigens zugehört, *die in den Daseinsverlauf des Erzählers umwandelnd eingreift.*" (Ebd. Hervorhebungen von A.F.)

Die im Goethe-Zitat auffällige Ambivalenz der angesprochenen Personen (wie die Aussage Sorges in *Le Très-Haut*, die seine Schwester und die Krankenschwester nicht als zwei verschiedene Personen erkennt) und die Unbestimmtheit der Zeitenfolgen, die „koinzidieren" (wie das Zusammenfallen der Personenkonstellation des Orest-Mythos mit der der Familie Sorges), deuten darauf hin, dass Blanchot die in dem Aufsatz dem récit zugesprochenen Eigenschaften auch bereits auf seine früher geschriebenen Romane anwendbar sind, also für sein fiktionales Werk gilt. Der Unterschied besteht vielleicht nur in den Resten von scheinbar „realistischen" Elementen, die z. B. auch in *Le Très-Haut* zu finden sind, aber nicht mehr in den eigentlich so von ihm so bezeichneten récits.

In diesem Zusammenhang ist die Charakterisierung der récits von Bernd Blaschke, die er anlässlich des 100. Geburtstages Blanchots verfasst hat, treffend. Er schreibt:

„Die von allen stringenten Weltbeschreibungen gereinigten Erzählungen loten immanente Abläufe des Denkens, und vor allem Prozesse, Grundlagen und Abgründe des Schreibens aus. Räumliche und zeitliche Koordinaten des Schreibens werden dabei ebenso destabilisiert, wie die Erzählperspektivik, die zwischen Ich und Er-Erzähler wechselt – immer auf der Suche nach einem ‚neutralen' Modus des Schreibens." Und er ergänzt, dass diese oft als „Anti-Romane" bezeichneten Werke „alle herkömmlichen Kategorien des Erzählens (wie Raum, Zeit, Person, Psychologie, Handlung, Beschreibung, Erzählstimme) im Vollzug des Textes in Frage stellen."[17]

Um meine vorstehenden Aussagen zu verdeutlichen: ich meine nicht, dass zwischen den von Blanchot geschriebenen Romanen und Erzählungen (récits) keine Unterschiede bestehen. Der Roman *Le Très-Haut* ist kein récit im Sinne Blanchots, er besitzt aber auch Eigenschaften, die den récits eigentümlich sind. Ich möchte dies mit einem Zitat von Daniel Bengsch zeigen, der schreibt, dass

„bei Blanchot Erzählen selbst den Vorgang der *Zeit- und Realitätsannullierung* (meint). Es kann nichts gesucht und nichts gefunden werden, was in der Welt außerhalb des Textes verloren gegangen ist. Erzählen ist kein Mittel, ebenso wie *das Erzählwerk jedweder Finalität entbehrt. Erzählen setzt keinen Schlusspunkt, sondern meint einen immerwährenden Neubeginn*"; und er ergänzt, dass „Blanchots Erzähl- und Literaturbegriff ... auf einer strikten Trennung von Sprache und Realität des Schriftstellers auf der einen Seite und Sprache und Universum der Fiktion auf der anderen (fußt). Das *fiktive Universum* verhält sich zum schreibenden Subjekt und seiner Realität *als ein Draußen*,[18] ein *espace littéraire*, wo sich *Raum-Zeit-Koordinaten und Subjektivität in einem Prozess der Auslöschung und Dezentrierung* befinden. Dieser Vorgang der Auslöschung und Dezentrierung ist an den Schreib- bzw. Erzählakt gebunden."[19]

---

[17] www.literaturkritik.de/public/rezension.php?rez (22.11.2013)
[18] Siehe dazu meine Ausführungen in Kapitel 3.3.2 zu Foucaults Aufsatz *La penser du dehors*.
[19] Bengsch. 2012. S. 120 f. Hervorhebungen von A.F.

Die von mir im vorstehenden Zitat hervorgehobenen Stellen über das Blanchot eigentümliche Schreiben und Erzählen markieren für mich einen Teil der im Verlauf der Arbeit noch weiter auszuführenden Punkte, nämlich den Teil, der das Schreiben von Literatur betrifft und dem, nach der „Literaturtheorie" Blanchots, die „Annullierung", die Suspension, das Verschwinden der realen Personen oder Sachen eingeschrieben ist.

Ich möchte diese Punkte an dieser Stelle nur stichwortartig aufzählen:

Es geht um die *Wirkungen des literarischen Schreibens*, das die Subjektivität des Autors „annulliert", da erst der Leser das geschriebene *Buch* zum *Werk* macht.

Es geht weiter um die „Realitätsannullierung" des Ich-Erzählers und der beschriebenen Dinge, die ein eigenes „Universum der Fiktion" bilden, das durch das „neutrale Schreiben" eines Buches, „*zwar in der ersten Person verfasst (ist), jedoch in der dritten gelesen (wird)*", wie es Blanchot im Klappentext selbst formuliert.

Schließlich geht es um ein Erzählen, das „keinen Schlusspunkt" setzt, sondern einen „immerwährenden Neubeginn" provoziert, da dem Autor sein eigenes Buch verschlossen bleibt, und da er deshalb immer wieder neu beginnen muss zu schreiben.

Die Literatur und der Tod sind jedoch für Blanchot nicht nur ein literaturtheoretisches Konzept, sondern die Konfrontation mit dem Tod, dem Sterben ist auch im essayistischen Werk immer gegenwärtig[20] und der Umgang der Protagonisten seines fiktiona-

---

[20] Dies betrifft vor allem die zweite Hälfte von *Le pas au-delà* und das gesamte Buch *L'écriture du désastre*, von dem der Herausgeber Poppenberg schreibt: „Schreiben als Sterben ohne Erlösung, Sprechen als eine Bewegung, die wegführt, die entfernt, und die Suche nach dem Anderen, nach einer Identität oh-

len Universums mit dem Tod und der Angst ist nur zu offensichtlich. Ich kann im Folgenden nur einige Aspekte im Rahmen des Versuchs einer Annäherung an seinen Roman *Le Très-Haut* verdeutlichen, ohne diese Ausführungen in einen systematischen und kohärenten Zusammenhang einzubinden.

1.2 Das Werk Blanchots im Überblick

Stillers schreibt vom „Gesamtwerk" Blanchots als übergreifendem Text und ergänzt berechtigt, dass sein Werk „nicht abgeschlossen ist und ... konsequenterweise nicht abschließbar ist,"[21] und er zitiert aus einem Aufsatz von Hans-Jost Frey, dass die Bücher Blanchots nie aufhörten, „sie kommen höchstens zu einem willkürlichen und zufälligen Ende, bis dann ein neues beginnt, das fortfährt, das Gleiche zu sagen, auf immer neue Art, doch ohne Endgültigkeit, die es nicht geben kann."[22]

Wichtig scheinen mir noch die folgenden Ausführungen Stillers, die sich auf die zyklische Anlage vieler Werke Blanchots beziehen, die dadurch zum Ausdruck kommt, „daß der Textschluß einen Beginn ausdrückt ... und der Textanfang der Abschluß einer Bewegung." (Stillers.1979. S. 199)

In *Le Très-Haut* hat Henri Sorge, die Hauptfigur des Romans „einen längeren Spaziergang durch die Stadt bereits hinter sich, als er am Anfang des Romans zur Metro-Station hinabsteigt." Der Roman endet „mit der Ankündigung, daß erst dort, wo der Text aufhört, das eigentliche Sprechen der Erzählung beginne: ‚– Maintenant, c'est maintenant que je parle.'" (Ebd.) In der Über-

---

ne Einheit, dies sind die zentralen Gedanken von *Die Schrift des Desasters*." (Blanchot. 2005. S. 6)
[21] Stillers. 1979. S. 198.
[22] Frey. 1963. S. 100.

setzung lautet die Stelle: „(Ich ... schrie.) Jetzt. Jetzt ist es soweit: Ich rede." (Blanchot, 2011. S.371)[23]

Stillers zeigt dies für einige Bücher Blanchots, wo die Anfänge den Endpunkt eines Prozesses markieren „oder implizieren, daß der Schreib- und Sprechvorgang schon geraume Zeit im Ablauf begriffen ist, während der Schluß dieser Werke sich auf eine unbegrenzte Perspektive hin öffnet." (Stillers, 1979. S. 199)

Diese hier angesprochene „unbegrenzte Perspektive" zeigt sich auch darin, dass sie die Lesart zulässt, dass die einen Neubeginn implizierenden letzten Sätze einiger Werke durchaus eine Fortsetzung in einem anderen Werk Blanchots finden können. Im Zusammenhang mit meinem Thema scheint mir der folgende Hinweis Stillers bemerkenswert, wenn er schreibt, dass die „Deutung der offenen Form als Aufforderung zu einer fortgesetzten Lektüre auch dadurch nahegelegt (wird), daß ... allen Werken eine vergleichbare Handlungsstruktur zugrundeliegt, daß ... die Räume der verschiedenen Erzählungen einander gleichen und daß in späteren Werken der Erzähler auf Situationen anspielt, die Handlungsepisoden früherer Romane oder ‚récits' ähneln. So versucht am Schluß von *Le Très-Haut* eine Frau, den Protagonisten mit einem Revolver zu erschießen, worauf der Erzähler von *L'Arret de mort* zurückzugreifen scheint: ‚Ein oder zwei Jahre zuvor hatte ein junges Mädchen mit einem Revolver auf mich geschossen, nachdem sie umsonst darauf gewartet hatte, daß ich ihr die Waffe abnähme.'" (Ebd. S. 200)

Die Stelle, die Stillers nach dem französischen Original zitiert,[24] diese Stelle kann durchaus als eine Art „Bericht" des letzten Ab-

---

[23] Einfache Seitenangaben in Klammern beziehen sich auf die deutsche Ausgabe des Romans *Der Allerhöchste*.

schnittes des Romans gelesen werden, die im Roman selbst nicht in dieser Eindeutigkeit zum Ausdruck gebracht wird.

Der Roman „Thomas l'Obscur" erschien als erster der drei Romane, die Blanchot geschrieben hat, und er wurde in der ersten Fassung 1932 veröffentlicht. „Aminadab", sein zweiter Roman besitzt, schon wegen der Namensidentität der Protagonisten Thomas den Charakter einer „Fortsetzungsgeschichte" – in dem Sinne wie oben bereits ausgeführt. Stillers macht dies – außer an der Namensgleichheit – auch an anderen Merkmalen deutlich, was aber hier nicht weiter ausgeführt werden soll.

Der dritte und letzte Roman, der 1948 erschienene Roman „Le Très-Haut", greift – anders als „Aminadab", aber ähnlich wie „Thomas l'Obscur" – auf eine wirklichkeitsnahe Einbettung der Fabel zurück: „Der Protagonist hat verwandtschaftliche Beziehungen zu anderen Personen, besitzt ursprünglich eine Wohnung und übt als Angestellter des Standesamtes Arbeitsfunktionen aus", wie Stillers knapp formuliert.[25] Allerdings beherrschen thematische und strukturelle Elemente den ganzen Text, wie z. B. „der labyrinthische Raum, der Verlust der Zielbestimmung, die Machtlosigkeit." (Ebd.) Nach Stillers „(scheint) mit der alles durchziehenden Macht der Krankheit und Zerstörung aber eine nicht mehr zu überschreitende Negativität des Erzählens erreicht zu sein." (Ebd. S. 205) Auch wenn in Le Très-Haut „wirklichkeitsnahe", fast realistische Erzählpassagen auftauchen, wäre es nach meiner Einschätzung völlig verfehlt, ihn als realistischen Roman einzustufen. Ich werde auf die Besonderheiten des Erzählens, die diesen Roman kennzeichnen, noch ausführlich eingehen.

---

[24] Ich habe sie nach der Übersetzung des Romans unter dem Titel „Die Frist. Ein Bericht" von Walter Maria Guggenheimer, Frankfurt/M. 1962. S. 15 zitiert.
[25] Stillers, 1979. S. 204.

L'Arrêt de mort löst als récit Blanchots Schreiben von Romanen ab. Es folgen die neue Version von *Thomas l'Obscur*, die nach meiner Lesart auch den Charakter eines récit hat, als weitere Veröffentlichungen: *Au moment volu; Celui, qui ne m'accompagneit pas; Le dernier homme* und *L'Attente l'oubli*. Das 1973 erschienene Werk *Le Pas au-delà* ist, ebenso wie schon *L'Attente oubli*, nicht mehr nur als rein narratives Werk anzusehen, wie die eben aufgezählten récits, es ist auch nicht mehr ausdrücklich als récit ausgewiesen und enthält neben narrativen Fragmenten, die im Text als solche gesperrt gedruckt hervorgehoben sind, theoretische Ausführungen über das Schreiben, den Tod u.a. Dabei kommt in diesem Werk eine weitere, über das Schreiben reflektierende und theoretisierende Person hinzu, die „sich jedoch im Fortgang des Textes mit den eher erzählenden Instanzen vermengt und schließlich von diesen nicht mehr unterschieden werden kann." (Ebd. S. 212)

Zu nennen wäre in diesem Zusammenhang noch *L'écriture du désastre*, ein fragmentarisches Werk, das 1980 erschien und in deutscher Übersetzung 2005. Der Übersetzer und Herausgeber des Werkes, Gerhard Poppenberg, bezeichnet es im Nachwort als „nicht methodisch-diskursiv im Sinne einer Abhandlung und auch nicht historisch-narrativ nach Art einer Erzählung." Ausgehend von der Annahme, dass die Vernichtung der Juden in Auschwitz „nicht ohne Folgen für das Denken gewesen sein" könne, sei „‚nach Auschwitz' das Vertrauen in die traditionellen Methoden des diskursiven Denkens zerbrochen, das Denken selbst zu Bruch gegangen."[26]

---

[26] Blanchot. 2005. S. 179. Hinzuweisen wäre in diesem Zusammenhang auf eine Abhandlung von Geoffrey H. Hartmann: „Der Geist des Maurice Blanchot", in: G. Koch (Hrsg.): „Bruchlinien. Tendenzen der Holocaustforschung." Köln 1999. S. 147-161.

2 Die Literatur und das Denken des Todes. Versuch über Blanchots „Theorie des Schreibens"

Nach Blanchots Tod 2003 war in vielen Nachrufen auch von seinem Verhältnis zu Literatur und Tod die Rede. Beispielhaft sei der Nachruf von Andreas Gelhard genannt, der in der Frankfurter Rundschau schreibt, dass „in der Insistenz mit der Blanchot den Tod zum Ausgangspunkt seines Denkens macht, einer der Gründe für die von Derrida konstatierte Verdrängung" Blanchots aus der Öffentlichkeit liege. Und Miriam Fischer schreibt, das Zitat Gelhards ergänzend: „Wahrscheinlich hat Gelhard Recht und das Denken, das im Tod seinen Ausgang nimmt, kann erst öffentlich akzeptiert werden, wenn das Tabu des Todes Gegenstand der öffentlichen Debatte geworden ist."[27] Die Werke Blanchots lassen sich durchweg als ein Schreiben um den Tod verstehen.

> „Die Fragen nach der (Un-)Möglichkeit des Todes, nach einem Verständnis des Todes, nach einem Leben mit dem Tod stehen immer wieder im Mittelpunkt. ... Vor allem in seinen fiktionalen Schriften entwickelt er einen Raum, in dem der Konflikt zwischen dem Denkbaren und dem Undenkbaren" ausgetragen wird. In diesem literarischen Raum ist es „der im Schreiben aufgespannte Zwischenraum zwischen Unmöglichkeit und Möglichkeit (ausgehend vom Paradox des Todes), in dem sich die für Blanchot typische Denkbewegung vollzieht." (Fischer. 2006. S. IV)

In der Erfahrung des literarischen Werkes wird nach Blanchot die Erfahrung von der Unmöglichkeit (des Todes) doch möglich. In der Diskussion um die Textstelle im *Malte* Rilkes, in der es um die Entstehung eines Gedichtes geht (und wo Rilke schreibt, dass Verse „nicht ... Gefühle sind, sondern es sind Erfahrungen"),[28]

---

[27] Fischer. 2006. S. 110 f. (Das Zitat von Gelhard wurde zitiert nach Fischer)
[28] Rilke. Stuttgart. 1997. (Reclam-Ausgabe) S. 20

schreibt Blanchot in *Der literarischen Raum*, dass Erinnerungen „notwendig" seien, „doch um vergessen zu werden, damit in diesem Vergessen ... zuletzt ein Wort geboren werde, das erste Wort eines Verses."[29]

Zur Literatur gehört also die Erfahrung einer Unbestimmtheit, die Erfahrung des Verlusts der Erinnerung, die ein Gewinn des Vergessens sei, wobei zwischen Erinnern und Vergessen (im „Vielleicht") eine „andere Wahrheit" des Erfahrens auftaucht, die *sich in der Fiktion ereignet*. Man könnte auch sagen, dass sich dann, wenn sich in der Fiktion etwas ereignet, eine „andere Wahrheit" zeigt, jenseits der Unterscheidung von Möglichkeit und Unmöglichkeit. Diese Diskussion um Fiktion und Wahrheit erweitert sich bei Blanchot um die Thematik „des Verhältnisses von Singularität und Allgemeinheit, von einzigartigem Erfahren und gemeinsamer Sprache." (Fischer. 2006. S. IX)

Ich möchte die bei Blanchot fast durchgängig in seinen Schriften auftauchende Frage vielleicht so ausdrücken: Wie kann Erfahrung, die absolut einzigartig ist, in Sprache „übersetzt" werden? Es ist dies das Problem, wie durch Sprache (durch Reden, Schreiben, Lesen) UNMITTELBARKEIT vermittelbar (vielleicht herstellbar) ist, ein nach Blanchot kaum mögliches Unterfangen. (s. u. Absatz 2.4.)

Meine Ausführungen zu Blanchots Auffassung der Literatur und des Schreibens – auch unter Einbeziehung der Sichtweise Foucaults – verstehe ich als einen Versuch der Auseinandersetzung mit ihm, um seinem Schreiben gerecht zu werden. Dies wird dadurch erschwert, weil es sich meines Erachtens nach nicht

---

[29] Blanchot. 2012. S. 85

in einem argumentativen, also diskursiven Denken und Schreiben auf der Metaebene unterbringen lässt.

Dies betrifft vor allem den in dieser Arbeit thematisierten Aspekt von Literatur und Tod. Für mich ist bemerkenswert, dass in dem Roman die Fälle von Sterben und Tod, von denen die Rede ist, dem Leser eher vorenthalten werden, d.h. es wird von ihnen meist nur indirekt berichtet, was bedeutet, dass der Leser davon nur durch die Berichte von Krankheiten, durch bedrohliche Ansteckungen und Seuchen, durch auffällige Präsenz von Todesbedrohungen u.a. erfährt. Ich werde dies bei den Ausführungen zu dem Roman noch ausführlicher darstellen. Auffällig ist, dass konkrete Berichte von individuellen Todesarten bei Blanchot nur dort vorzukommen scheinen, wo er von anderen Schriftstellern direkt schreibt, z. B. über Anthelme oder über Tolstoi im essayistischen Werk.

2.1 Das Denken (die Philosophie) und der Tod bei Blanchot

Um dem Thema Tod und Literatur bei Blanchot im Ansatz gerecht zu werden, möchte ich mich diesem zunächst dadurch anzunähern versuchen, indem ich bei den offensichtlichen philosophischen Implikationen Blanchots, die für ihn diese Thematik hat, beginne. Dabei scheint es mir unumgänglich, zunächst mit der Frage nach der produktionsästhetischen Seite des Schreibens zu beginnen (d.h. der „Theorie" des Schreibens und der Sprache), die aber nicht zu beantworten ist, ohne die Frage nach dem Leser zu stellen, da bei Blanchot das geschriebene *Buch* erst durch den Leser zum *Werk* wird.[30]

---

[30] Die Unterscheidung zwischen *Buch* (livre) und *Werk* (oeuvre), die bei Blanchot wichtig ist, wird in seinen literaturkritischen Schriften nicht immer deutlich,

Da Ängste um das Sterben und der Tod auch in dem hier zu besprechenden Roman Blanchots zentral sind, möchte ich versuchen, deutlich zu machen, wie diese Thematik das gesamte Werk Blanchots durchzieht.

Dazu orientiere ich mich zunächst an der Arbeit Miriam Fischers, die betitelt ist: *DAS UNDENKBARE DENKEN. Zum Verhältnis von Sprache und Tod in der Philosophie Maurice Blanchots*, die ich bereits zitiert habe.

Den in Großbuchstaben geschriebenen Titel des Buches Miriam Fischers begründet sie damit, dass mit der wechselweisen Benutzung der Wörter „Das Undenkbare" und „Denken" als Substantive unterschiedliche, vielleicht auch widersprüchliche Aussagen zum Titel gemacht werden, was aber „gerechtfertigt, wenn nicht sogar dringend geboten" sei, denn man könne „über Blanchot fast nicht anders als in Paradoxa sprechen". (Fischer. 2006. S. V) Sie schreibt weiter, das Denken des Undenkbaren habe „seinen Ausgang im Denken des Todes. ... Das Denken des Undenkbaren, ... widmet sich dem Versuch, das Unmögliche zu denken, und das heißt hier: den Tod denken. Das Unmögliche kommt gleichzeitig vom Tod her." (Ebd.) Blanchot selbst schreibt dazu in *Der literarische Raum*: „... niemand zieht den Tod in Zweifel, man kann den sicheren Tod jedoch nur *zweifelnd denken* (!), denn den Tod denken heißt, in das Denken das zuhöchst Zweifelhafte einzuführen ..." (Hervorhebung von A.F.). Im Original heißt der letzte Teil des Satzes: „ ... car penser la mort, c'est introduire en la pensée le suprèmement douteux ..."[31]

---

da er auch dann von Werken schreibt, wenn er die geschriebenen und gedruckten Bücher meint. Vgl. zu dieser Unterscheidung auch meine Ausführungen im folgenden Abschnitt.

[31] Blanchot: „L'espace littéraire" (Gallimard). Paris. 2012. P. 117

Miriam Fischer übersetzt dies mit:

> „In das Denken den äußersten Zweifel, das Ungewisseste einführen" und fährt dann fort: „Den Tod Denken, das scheint unmöglich. Dennoch findet dieses Denken des Unmöglichen bei Blanchot zur Sprache. Der Aspekt der Ungewissheit soll dabei jedoch, vor allem auch was die Sprache betrifft, eine wichtige Rolle spielen." (Fischer. Ebd.)

Dieser Aspekt der Ungewissheit, des Zweifelhaften scheint mir für das Schreiben Blanchots, unabhängig davon, ob es sich um fiktionale oder mehr theoretische Texte handelt, besonders auffällig. Eine eindeutige Festlegung Blanchots im Bereich von Gegensätzen, von Paradoxa, von Aporien oder gar eine dialektische „Aufhebung" (im Sinne Hegels) wird man bei Blanchot vergeblich suchen. Stattdessen hat *der Bereich des „Zwischen", des „Vielleicht", des „Neutralen" eine fundamentale Bedeutung*. Ausgehend von Heideggers „Verstehen" des Daseins des Menschen als „Sein zum Tode", der in „Sein und Zeit" schreibt, dass der „Möglichkeitscharakter des Todes" zunächst besagt, dass er „in jedem Augenblick möglich" ist, er kommt „gewiß", aber es bleibt „unbestimmt" wann,[32] ergänzt Gelhard dass diese Charakterisierung des Todes für Blanchot die entscheidende ist.

Poppenberg[33] fasst diese von Blanchot in *Der literarische Raum* ausgeführten Gedanken, die auch Blanchots Denken des Todes bestimmen, zusammen und verbindet sie mit dem Begriff des Werkes und des désoevrement. Er schreibt, es gebe

> „für niemanden die Beziehung einer ‚certitude véritable' zum Tod. So ergibt sich die eigenartige Figur eines höchst gewissen und zugleich in dieser Gewißheit höchst ungewissen Todes. ... Der Tod ist die Figur einer ungewissen Gewißheit." (Poppenberg. S. 157) Poppenberg fasst die Ver-

---

[32] Heidegger „Sein und Zeit". S. 258. Zitiert nach Gelhard. A.a.O. S. 73
[33] Poppenberg. Tübingen. 1993

bindung von Literatur und Tod bei Blanchot so zusammen: „Der Vorgang des Sterbens und Schreibens ist ein Übergang, der die Form eines Sprungs hat, sofern der Weg im entscheidenden Moment abbricht, eines Sprungs, der nicht irgendwohin springt und irgendwo ankäme, sondern der nichts ist als die Bewegung des Springens." (Ebd., S. 160)

Da eine Überschreiten des Menschen im Falle seines Todes als „Übergang von einer in eine andere Welt", „von einer Zeit in eine andere Zeit oder die Ewigkeit" im Sinne eines religiösen Jenseits bei Blanchot keine Option ist, ist Blanchots Figur der Überschreitung Moment einer Überschreitung

> „als *Bruch mit Welt und Zeit*, und er bildet eine Grenze, deren Erreichen ein reines Überschreiten darstellt: ‚le pas au-delà – un peu extérieur à mes pas'; ein Überschreiten, dessen Jenseits die reine Negativität und als solche ein Moment von negativem Überschuß bildet." (Ebd. Die Satzstellung wurde von mir leicht verändert. Hervorhebung von A.F.)

Ein Kapitel des Buches von Hans-Jost Frey über Blanchot lautet „Das Reden vom Tod". Darin heißt es, dass der Tod immer bevorstehe, und dass das Reden (also auch das Schreiben) von ihm seine sprachliche Vorwegnahme sei. Der, der vom Tod redet, sei sterblich, aber

> „der Tod ist zu keiner Zeit eine Erfahrung, die man gemacht hat, macht oder machen kann, denn er ist das Ende des Erfahrenkönnens. Das Ende der Erfahrung und die Unerfahrbarkeit des Endes sind eins. (...) So führt die Selbstreflexion des Redens vom Tod in ein Paradox. Das Reden vom Tod schließt den Tod, von dem es redet, dadurch aus, dass es davon redet. Das Paradox kommt dadurch zustande, dass das, wovon die Rede ist, nicht auf die Rede selbst anwendbar ist."[34]

In *Der literarische Raum* schreibt Blanchot über den Selbstmörder, der der Illusion erliegt über seinen Tod als Möglichkeit verfügen

---

[34] Frey. Basel/Weil am Rhein. 2007. S. 109, 111

zu können und über die „vielleicht nicht weniger wahnsinnige Erfahrung" des Künstlers, also des Schriftstellers: „Nicht dass er aus dem Tod ein Werk macht, doch man kann sagen, dass er auf die gleiche seltsame Weise mit dem Werk verbunden ist, wie der ihn für das Ende hält, mit dem Tod."[35] Und er verdeutlicht: „Der freiwillige Tod ist die Verweigerung, den anderen Tod zu sehen, jenen den man nicht erfasst, den man niemals erreicht, es ist eine Art souveräne Vernachlässigung, eine Allianz mit dem sichtbaren Tod, um den Unsichtbaren auszuschließen…" (Ebd., S. 106)

Der Selbstmörder versucht also, wie auch der Schriftsteller beim Schreiben eines Werkes, den Tod als Möglichkeit in das Selbst einzubeziehen.

> „Gegen solche Versuche, den Tod in das Selbst einzubeziehen, versucht Blanchot zu zeigen, daß die von Heidegger ausgesprochene Unmöglichkeit nicht als äußerste Möglichkeit dem Dasein zugehört, (wie dies nicht nur bei Heidegger sondern auch bei Rilke der Fall ist. A. F.), sondern – umgekehrt – ‚die Zugehörigkeit des Menschen zum Außen' bedeutet, zu einem Bereich, der außerhalb jeglichen Könnens und jeglicher Möglichkeit liegt. Dieses Außen ist anonym. … Die Anonymität des Außen ist – a limine – immer die des Todes"[36]

Heidegger entwickelt seine Todesanalyse vom Dasein aus, d.h. der Tod ist als „Sein zum Tode" eine Möglichkeit des Daseins, der Tod steht ins Dasein herein. *Der Tod entzieht sich* nach Blanchot aber auch als „noch-nicht" im Übergang zum „Nichtmehrdasein" der Erfahrung und *dem Verstehen* und er wird damit zu einer paradoxen „Erfahrung ohne Erfahrung". Poppenberg beschreibt dies so:

---

[35] Blanchot. Zürich. 2012. S. 105
[36] Gelhard. 2005. S. 74

„Blanchot konzipiert ihn (den Tod. A.F.) als radikal ‚jenseitiges' Phänomen, nicht als etwas, das ‚hereinsteht', sondern das ein absolutes Draußen bildet; in dem Maß wird für ihn der Begriff der Unmöglichkeit leitend."[37]

Nach der Feststellung, dass diese Vorstellung des Todes Blanchot mit Levinas verbindet, der in *Le Temps et l'Autre* (1948) den Tod als das radikal Unbekannte und Unerfahrbare, als absolute Passivität und Unverfügbarkeit kennzeichnet, schreibt Poppenberg (Blanchot paraphrasierend):

> „Die Unverfügbarkeit des Todes macht ihn zu einer unpersönlichen, anonymen und neutralen Instanz. Die Vorstellung des ‚eigenen Tods' in Rilkes *Stundenbuch* und die Angst und Abscheu vor dem unpersönlichen Tod im *Malte* ist ein Stück des Individualismus des 19. Jahrhunderts. Der Tod als Massenphänomen ... wäre mit Rilkes Malte zu verbinden. ... Darin bekundet sich die ‚neutralité essentielle de la mort.'" (Ebd. S. 169)

In *Die Schrift des Desasters* ist mir eine Stelle aufgefallen, wo Blanchot zum Thema Anonymität des Todes und des „eigenen Todes" über Rilke schreibt:

> „Doch selbst wenn wir Rilkes Illusion des ‚eigenen Todes' aufgeben, bleibt es dabei, daß sich in dieser Hinsicht das Sterben nicht vom ‚Persönlichen' ablöst und das vernachlässigt, was es im Tod an ‚Unpersönlichem' gibt, worauf bezogen man sagen muß, nicht ‚ich' sterbe, sondern *man* stirbt, so daß immer ein Anderer stirbt."[38]

Blanchot hält also, trotz kleiner Zugeständnisse an das „Persönliche" des Todes, in diesem Spätwerk an der grundsätzlichen Anonymität des Todes fest. Obwohl sich das Zitat aus *L'écriture du désastre* auf Rilkes Todesvorstellung bezieht, scheint es mir

---

[37] Poppenberg. 1993. S. 166
[38] Blanchot. 2005. S. 144. Hinweisen möchte ich an dieser Stelle auch auf meine Ausführungen zu diesem Zitat unten Seite 145.

darüber hinausgehend insofern bedeutsam, als in dem Roman *Le Très-Haut* dieser unpersönliche Tod der Anderen oder die Angst vor dem eigenen Tod durch die passagenweise angedeutete Bedrohlichkeit durch Gewalt, durch Feuer und durch die grassierende Seuche auffallend ist. Ob diese Gefahren tatsächlich bestehen oder ob der Protagonist, der darüber „berichtet", irgendwelchen Wahnvorstellungen erliegt, ist für den Leser nicht entscheidbar. Die Anonymität des Todes als ein „man stirbt" ist im Roman Blanchots ständig präsent.

2.2 Der unmittelbare Beginn des Schreibens

Da die „Sprachtheorie" Blanchots vor allem in seiner Frühzeit durch Hegel geprägt wurde, vermittelt durch die Vorlesungen Kojèves[39] in den 30er Jahren über Hegels „Phänomenologie des Geistes", muss vor allem die dort stark gemachte These vom Tod (oder vom Verschwinden) der durch Worte benannten Personen oder der durch Worte bezeichneten Dinge und Sachverhalte im Mittelpunkt des Interesses stehen. Blanchot hat seine diesbezügli-

---

[39] Kojève hielt seine Vorlesungen von 1933-39. Sie gelten als ein für die Geschichte der französischen Philosophie grundlegendes Ereignis. Siehe dazu V. Descombes: „Dasselbe und das Andere." Frankfurt/M. 1981 und Stephan Moebius: „Die Zauberlehrlinge." Konstanz 2006. Letzterer zitiert Peter Bürger, der Bezug nimmt auf die „Gestalt des Knechts, der sich durch die Arbeit im Dienst des Herrn zum Selbstbewußtsein erhoben hat. (...) der Herr, so scheint es, kann abtreten; aber gerade dadurch wird die Gestalt frei, um ein Verhalten radikalen Protests gegenüber der Gesellschaft darzustellen. Bretons *désoeuvrement*, Heideggers ‚Vorlauf zum Tode', Batailles Transgression, *Blanchots Selbstverlust im Schreiben und das postmoderne Verschwinden des Subjekts sind Äquivalente der unverfügbaren Todeserfahrung* des Herrn. In der Krise der Moderne kehrt der Herr wieder als Figur eines Protests, der freilich auf keinerlei Wirkung seines Tuns mehr hoffen kann." (Vgl. Moebius. 2006. S. 502. Hervorhebung von A.F.)

che Position ausführlich dargestellt in seinem Essay: *La littérature et le droit à la mort*, 1947/48 erschienen. Nach Gelhard legt Blanchot „hier den Grund für (eine) Ontologie der Literatur."[40] Zu erwähnen sind auch die Bücher, auf die Blanchot in seinem Essay Bezug nimmt, nämlich Sartres *Qu'est-ce que la littérature?* und Levinas *De l'existence à l'existant*.

Der Schriftsteller, der zu schreiben beginnt, hat nach Blanchot keinen schon fertigen Entwurf, ehe er zu schreiben beginnt (dies ist auch als Polemik gegen Sartres Position einer „engagierten Literatur" zu lesen), sondern er beginnt „von nichts ausgehend und auf nichts zugehend" (PF, S. 296) einfach zu schreiben, also „*unmittelbar* anzufangen", wie es Hegel in der *Phänomenologie des Geistes* formuliert. (PG, S. 264) Bei Blanchot heißt es dann weiter: „Nehmen wir an, das Werk sei geschrieben: mit ihm ist der Autor geboren." (PF, S. 297)

Gleichzeitig aber mit dem *unmittelbaren* Tun, mit dem der Autor „geboren" wird, verschwinden Autor und Werk durch die „Aneignung des Werkes durch die Allgemeinheit."[41] Gelhard paraphrasiert die Aussagen Blanchots folgendermaßen: „Das unmittelbare Tun, in dem der Schriftsteller die Aporie von Entwerfen und Verwirklichen durchbricht, stiftet zwischen Autor und Werk ein Chiasma[42] der Produktion: ‚Er hat es gemacht und es macht ihn'. (PF, S. 297)"[43]

---

[40] Vgl. Gelhard. 2005. S. 33 ff. Die dort angeführten Übersetzungen Gelhards aus Blanchots Essaysammlung *La part du feu*. (PF) Gallimard. Paris. 1949 und das Zitat aus Hegels *Phänomenologie des Geistes* (PG) habe ich hier übernommen.
[41] Gelhard. 2005. S. 37f.
[42] Abgeleitet aus dem griechischen Buchstaben chi (X), in dem zwei Linien sich überkreuzen, wird diese Figur oft dazu verwendet, um die Antithese zweier Sätze oder Wortgruppen (wie bei der Analyse von Gedichten Rilkes durch Paul de Man in: „Allegorien des Lesens"; S 52 ff.) zu veranschaulichen. (Vgl.

Blanchot sieht im Prozess des Schreibens eine Art „automatisches Schreiben" am Werk. Dazu greift er das Modell vom Bild der zwei Hände auf, das vor allem dadurch charakterisiert ist, dass die schreibende Hand durch die andere Hand unterbrochen wird. Der Schriftsteller bewegt sich permanent an der Grenze zwischen Eingreifen und Nichteingreifen.

Eine Besonderheit, die den Schriftsteller im Sinne Blanchots auszeichnet, ist der durch das Bewusstsein unkontrollierte Beginn des Schreibens. Es scheint zudem als sei der Beginn des literarischen Schreibens eine Art von „passivem Handeln", wie ich dies bezeichnen möchte, und ich hoffe, dass im Folgenden deutlich wird, wie dies gemeint ist. Gelhard drückt es in seinem Buch so aus, dass Schreiben zu beginnen (nach Blanchot) bedeutet, etwas zu unterbrechen, „was schon spricht" (murmure), wobei der Schreibende auf das zu Unterbrechende „doch immer angewiesen" bleibt. (Ebd. S.18) Bei Blanchot taucht das Bild der schreibenden Hände mehrmals in seinen theoretischen Schriften auf, so z. B. in *La solitude essentielle* (*Die wesentliche Einsamkeit*) von 1953, woraus ich doch einige entscheidende Passagen zitieren muss.

Die schreibende Hand („die kranke Hand") wird durch die „andere Hand", die eingreift, unterbrochen. „Der Schriftsteller gehört dem Werk an, aber was ihm gehört ... ist einzig sein Buch. ... Der Schriftsteller geht niemals seinem Werk voraus, und da, wo es das Werk gibt, weiß er es nicht.", weil erst der Leser das

---

dazu Metzlers Lexikon Literatur. Stuttgart 2007. 3. Auflage. Stichwort: Chiasmus)

[43] Gelhard. 2005. S. 37

Werk schafft. Seine Unmöglichkeit zu lesen, veranlasst ihn, sich wieder ans Werk zu machen.[44]

> „Der Schriftsteller gehört einer Sprache an, die von niemandem gesprochen wird, die sich an niemanden wendet, die keinen Mittelpunkt hat, die nichts offenbart. Er kann glauben, sich in dieser Sprache zu behaupten, aber was er behauptet, ist ganz und gar eines Selbst beraubt. ... Da wo er ist, spricht allein das Sein", d.h. „dass das Sprechen nicht mehr spricht, sondern ist, sich aber der reinen Passivität des Seins verschreibt." (Blanchot. 2010. S. 99)

Wenn der Schriftsteller sich dem Schreiben hingibt, dann verliert er „die Macht ‚Ich' zu sagen. ... Schreiben heißt, sich selbst zum Echo dessen zu machen, was zu sprechen nicht aufhören kann – und deshalb muss ich, um sein Echo zu werden, es auf bestimmte Weise zum Schweigen bringen." (Ebd.) Dieses Recht einzugreifen, behält sich die nicht schreibende Hand vor. Das „Er" (anstelle des „Ich") „bezeichnet nicht die Interesselosigkeit", es ist die Einsamkeit, die dem Schriftsteller widerfährt. „‚Er', das bin ich selbst, niemand geworden ..." (S. 102)

Blanchot nennt „das Zu-unterbrechende, unartikulierte Fortsprechen ... le murmure." Dabei (mit dem Unterbrechen des murmure der schreibenden Hand durch die andere Hand, die nicht schreibt) macht sich das Eingreifen der zweiten Hand zum „gehaltenen Augenblick" und bleibt doch durch das „Geworfensein" des Menschen (nach Heidegger) mitgerissen. Dieses *„Sich in der Sprache halten heißt, immer schon draußen zu sein"* schreibt Blanchot in La voix narrative: „Wenn Blanchot dieses Draußensein ... als Ausgesetztheit an einen anfänglichen

---

[44] Zitate in: Blanchot: Das Neutrale. 2010. S 93 ff.

murmure denkt, ... (so) sagt das murmure nichts. Es ist asemisch, das bloße ‚Daß' des Redens."[45]

In *La solitude essentielle* „bestimmt Blanchot Schreiben als ein Geschehen, welches das ‚Daß' der Rede zur Sprache kommen läßt." Der Schriftsteller ist nicht „Herr seiner Feder" (wie es Blanchot in *La solitude essentielle* ausdrückt), sondern sein Können „gründet in einer passivité foncière." (d.h. „grundlegenden Passivität")[46]

Schreiben bedeutet also nach Blanchot, sich zum Echo des „Gemurmels" (murmure) zu machen: „Schreiben bedeutet, sich zum Echo dessen zu machen, was nicht aufhören kann zu sprechen; und deshalb, um sein Echo zu werden, muß ich es auf gewisse Weise zum Schweigen bringen."[47]

Blanchots Bild des zweihändigen Schreibens, das ein „Nachsagen" bedeutet und das murmure zum Schweigen bringt, ist der Heideggersche Gedanke der „Geworfenheit" einbezogen und

---

[45] In: L'entreien infini. Gallimard. 1969. EI 557 Zitat und Übersetzung nach Gelhard. 2005. S. 19 f. Hervorhebung von A.F.
Das passive und asemische, also in der Wahrnehmung gestörte „Gemurmel" (murmure) ohne bestimmten semantischen Inhalt, das im Schreiben unterbrochen werden muss, und das doch auf die geschriebene Literatur Einfluss hat, wie Blanchot in *Die wesentliche Einsamkeit* schreibt, erinnert mich an die Mehrstimmigkeit und Vielstimmigkeit intertextueller Bezüge bei Michail Bachtin, von dem es in „Metzlers Lexikon Literatur- und Kulturtheorie." Stuttgart/Weimar. 1013. (5. Auflage) heißt: „Jede Stimme ist teils offen, teils verdeckt durch vorherige und andere Stimmen beeinflusst; sie ist auf ein Gegenüber gerichtet, auch wenn dies erst ein zukünftiges, noch unbekanntes ist. Entsprechend leugnet Bachtin die Vorstellung eines autonomen Ich." S. 52. Dass ich diese Bemerkung in einer Fußnote verstecke, ist darin begründet, dass Bachtin den „polyphonen Text" im Blick hat, der mit dem Betonen des Neutrums, des neutralen Schreibens bei Blanchot m. E. nicht in Übereinstimmung zu bringen ist.
[46] Vgl. Gelhard 2005. S. 20
[47] Zitiert nach Gelhard. S 22

damit ist jede aktive schöpferische Tätigkeit zurückgenommen, womit Blanchot gegen Sartre das Motiv einer rückhaltlosen Passivität, der der Schreibende beim Schreiben sich überantwortet, ausdrückt.[48]

Damit ist der „Entwurf" des Schriftstellers nach Blanchot keine Leistung einer (aktiven) Subjektivität.

Dieser Gesichtspunkt scheint mir – bei Betrachtung des Romans *Le Très.Haut* – insofern wichtig, als dort (aber auch in den anderen literarischen Büchern Blanchots) nicht das Bild eines autonomen Subjekts, das als Ich-Erzähler in Erscheinung tritt, vorherrschend zu sein scheint. Dieses Subjekt ist auch in der Selbstwahrnehmung, sofern Sie erkennbar wird, durchaus gebrochen, und dies mehrfach, was an einzelnen Beispielen am Text noch genauer aufgezeigt werden muss. Das Buch ist das Resultat der Arbeit des Schriftstellers, während sich die Werkeigenschaft des Geschriebenen erst im Rezeptionsprozess zeigt. Dazu noch ein Auszug aus *La solitude essentielle*:

> „Der Schriftsteller schreibt ein Buch, doch das Buch ist noch nicht das Werk, das Werk ist erst das Werk, wenn sich durch es, mit der Gewaltsamkeit eines Anfangs, der ihm eigen ist, das Wort ‚Sein' ausspricht, ein Ereignis, das eintritt, wenn das Werk die Intimität ist von jemandem, der es schreibt und jemandem, der es liest."[49]

Im Buch kommen also die Fähigkeiten des Schriftstellers zum Tragen, vom Werk sagt Blanchot nur: „Es ist" (il est).

---

[48] „Aller Entwurf – und demzufolge auch alles ‚schöpferische' Handeln des Menschen – ist geworfener, d. h. durch die ihrer selbst mächtige Angewiesenheit des Daseins auf das schon Seiende im ganzen bestimmt." (Heidegger, Kant und das Problem der Metaphysik. Frankfurt a. M. 1991. S. 235. Zitiert nach: Gelhard 2005. S. 23)

[49] Blanchot. 1010. S. 95.

Die „Gewaltsamkeit des Anfangs" kann man durchaus so sehen, dass der Schriftsteller „weder etwas sagen will, noch einen anderen ansprechen; sein Ziel ist es vielmehr, der Welt die Sprache zu entwinden, um sie zu etwas zu machen, was nichts außer ihr bezeichnet"[50], wie Peter Bürger in seinem Buch: „Das Verschwinden des Subjekts" formuliert. Er schreibt weiter von Blanchots „Faszination für das Theorem vom Tod des Subjekts" und von der Ohnmacht, „die das Ich schreibend erfährt, weil das Selbst der Preis ist, den es für seinen Eintritt in die Literatur zu zahlen hat, nicht abtrennbar ist von der Selbststeigerung, die es im Kampf mit der Sprache erlebt. Auch hier fallen die Gegensätze zusammen." (Ebd. S. 201f. Satzstellung von mir leicht verändert. A.F.)

Der „Tod des Subjekts" (des Autors) und das sich dem Autor entziehende *Buch*, das erst im Leser zum *Werk* wird, „von dem der Autor nie weiß, ob das, was er schreibt jemals *Werk* sein wird" (Ebd. S 199), macht nach meiner Lesart deutlich, was Blanchot mit dem Begriff des *désoeuvrement* bezeichnet. Der Autor besitzt das Geschriebene nicht mehr als ihm Gehörendes, sondern dessen Bedingungen liegen in der Sprache, d.h. in einem Draußen, das nicht in die Innerlichkeit eines Ich hereinzuholen ist, weder in die des Autors oder des Lesers.[51]

Bei Mallarmé wird die Selbstauslöschung des individuellen schreibenden Ich zur Voraussetzung der Hervorbringung eines „reinen Werkes": „Das reine Werk impliziert das Verschwinden

---

[50] Bürger, Peter: „Die Nichtung im Akt des Schreibens: Maurice Blanchot." In: Ders.: „Das Verschwinden des Subjekts." Frankfurt/M. 1998. S. 190-202. Hier S. 200.

[51] Ich möchte auf den Aufsatz von Foucault „Das Denken des Außen" verweisen, den ich an anderer Stelle dieser Arbeit behandle. Siehe unten Kapitel 3.3.2.

des Dichters im Ausdruck, der den Wörtern die Initiative überläßt."[52] Bürger schreibt dazu, dass Blanchot das Wort „Ausdruck" als das

> „sich notwendig Entziehende begreift und die existentielle Erfahrung des Schriftstellers nicht im Modus der Fülle (als Selbstverwirklichung im Werk), sondern im Modus des Entzugs (als notwendigen Selbstverlust) faßt, ..., so sieht er sich zu paradoxen Formulierungen gedrängt, in denen Sprachmächtigkeit und Sprachohnmacht zur Einheit zusammentreten."
> Das Paradox sei bei Blanchot „die notwendige Form eines Denkens, das sich gegen das dialektische Prinzip der Vermittlung sperrt." (Ebd. S. 198f.)

Karl Hölz schreibt in seinem Buch „Destruktion und Konstruktion"[53] in diesem Zusammenhang, dass die Ungewissheit des Schriftstellers zu seinem oeuvre auch als *désoeuvrement* bezeichnet werden könne. Das Opfer, das der Autor dem oeuvre bringt, „und mit seinem eigenen „Tod besiegelt", gebe ihm die Gewissheit, dass er mit dem Schritt auf das oeuvre zu einen „pas-au-delà"[54] vollziehe.

2.3 *Fragmentarisches Schreiben bei Blanchot, die Alterität und die Bestimmung der Literatur als „désoeuvrement"*

Ein wesentliches Merkmal des Schreibens Blanchots ist seine besondere Vorliebe für fragmentarisches Schreiben. Dies bedarf einer näheren Erläuterung. In einem Aufsatz über die Romantik in Deutschland mit dem Titel „Athenäum" schreibt er über die von Novalis und Friedrich Schlegel bevorzugte „neue Kunst-

---

[52] Zitiert nach: P. Bürger. 1998. S. 198.
[53] Hölz: Destruktion und Konstruktion. Frankfurt/M. 1980. S. 130 f.
[54] Die Anspielung auf Blanchots gleichnamiges Buch ist damit wohl beabsichtigt.

form" des Fragments, dass diese eine „der gewagtesten Antizipationen der Romantik (sei): die Suche nach einer neuen Form der Vollendung, die das ganze mobilisiert – beweglich macht – indem sie es durch die unterschiedlichsten Arten der Unterbrechung fragmentarisiert." Beide genannten Autoren versichern, dass „das Fragment ein Substitut der dialogischen Kommunikation in der Form des Monologs darstelle, denn ‚ein Dialog ist eine Kette, oder ein Kranz von Fragmenten'. In noch tieferer Schicht aber ist das *Fragment eine Vorwegnahme dessen, was man plurale Schreibweise* nennen könnte." Es komme darauf an, „durch das Fragment in die Schreibweise diese Pluralität einzuführen, die uns virtuell ist, wirklich in allen."[55] Es geht mir nur darum aufzuzeigen, welche Nähe Blanchot selbst zu den Romantikern bezüglich der fragmentarischen Schreibweise herstellt, und wie er sich von Ihnen abgrenzt. Schlegel, der das Fragment auf den Aphorismus zurückführe, d.h. „auf die Geschlossenheit eines vollkommenen Satzes", der „sein Zentrum in sich selber hat und nicht in dem Umfeld, das er mit den anderen Fragmenten errichtet", unterliege einer „vielleicht unvermeidlichen Verfälschung". Gegen diese macht Blanchot geltend, dass die trennenden Zwischenräume und Pausen, die „Unterbrechungen"[56] nicht vernachlässigt werden dürfen, und dass „diese Art zu schreiben nicht darauf abzielt, einen Überblick noch schwieriger … zu gestalten, sondern *neue Bezüge herzustellen, die durch die Einheitlichkeit ausgeschlossen sind und über das Ganze hinausgehen.*" (Athenäum. .S. 119. Hervorhebung von A.F.)

---

[55] In: Bohn (Hrsg.) 1987. S. 118. Hervorhebung von A.F.
[56] Ein Text Blanchots mit dem Titel „Unterbrechung" findet sich in. Blanchot. 2010. S. 171-177.

Mir scheint hier ein selbstbezüglicher Hinweis auf sein eigenes fragmentarisches Schreiben vorzuliegen. Blanchot hat sich wiederholt zum fragmentarischen Schreiben geäußert; so z. B. auch in der *Schrift des Desasters*, wo es im schon zitierten Nachwort von Poppenberg dazu heißt:

> „Das Fragment als Denkform ist nicht auf ein Allgemeines bezogen, es ist aus jedem Zusammenhang gerissen, ein absoluter Solitär. Es muss seine Denkbewegung in jedem einzelnen Fall neu und anders bilden. ... So steht jedes Fragment zu jedem anderen in einem Verhältnis der Fremdheit. Das hat seinen Grund im Desaster.... So legt das Fragment jede Form der Bezüglichkeit ab, bildet ein jeweils eigenes Feld, das dann zu anderen Feldern in einem Verhältnis der Andersheit stehen kann. Es ist ein Text ohne Kontext ..." (in: Blanchot. 2005. S. 185)

Hier wird nochmals die Abgrenzung des Fragments bei Blanchot zur Definition des Fragments bei Schlegel deutlich, da es bei Blanchot im Verhältnis der Fremdheit zum Anderen steht. Die Erfahrung der Fremdheit des Anderen ist ein Gedanke, den Blanchot mit Levinas teilt. Die dialektische „Aufhebung" von Widersprüchen in einer einheitlichen „Synthese" ist Blanchot fremd, er schreibt, dass wir versuchen müssen „das Andere zu denken, zu sprechen, indem wir uns zum Anderen verhalten, ohne Bezugnahme auf das Eine, ohne Bezugnahme auf das Selbe."[57]

Baranowski schreibt in seiner Dissertation, dass bei Blanchot „der Respekt vor dem Anderen als Anderem über die Sprache hergestellt (werde)", und er weist darauf hin, dass Blanchot in seinen Schriften häufig Dialoge verwendet, in denen er „seine eigene Argumentation in beständigem Austausch mit einem oder mehreren Gesprächspartnern, die auf ihn antworten, ihn korrigieren, befragen und insistieren, so dass mit zunehmender Dauer

---

[57] Blanchot: Das Unzerstörbare. München. 1991. S. 122.

kaum mehr auszumachen ist, wer ursprünglich gefragt und wer geantwortet hat. Die Dialogpartner finden jedoch nicht per se zueinander, im Gegenteil: häufig bleibt ein Dissens bestehen. An diese *nichtdialektische Aufführung der pluralen Rede,* knüpfen auch die ... Spätschriften *Le pas au-delà* oder *Die Schrift des Desasters* an."[58]

Das fragmentarische Schreiben wird damit zu einer Möglichkeit, „ein keine Einheit mehr garantierendes Denken zu wagen." Ich stimme der Einschätzung Baranowskis zu, dass „die Abkehr von dialektischen Konzeptionen und der Verzicht auf eine monologische, zu definitorischen Schlüssen kommende Argumentation Blanchots tiefe Skepsis (zeigen) gegenüber der traditionellen abendländischen Philosophie. Gegen diese richtet er die Kunst und noch spezifischer *die Literatur als einen Ort der Unvernunft auf.*"[59]

Da nach Blanchot literarisches Schreiben nicht als „engagiertes" Projekt eines Autors zu verstehen ist – dies in Abgrenzung zu Sartre – erteilt er einem schöpferischen Verständnis von Literatur ebenso eine Absage, wie einer einseitig nihilistischen Auffassung.[60] Das Buch, das der Autor schreibt, wird erst mit dem Leser, der nicht der Autor ist, zu einem Werk. In *Die Literatur und das Recht auf den Tod* heißt es dazu: „Das Werk verschwindet (für den Autor), aber die Tatsache des Verschwindens erhält sich, erscheint als das Wesentliche, als *die Bewegung, die dem Werk ermöglicht, sich zu verwirklichen* (also im jeweiligen Leser. A.F.), in-

---

[58] Baranowski. Würzburg. 2008. S. 167. Hervorhebung von A.F.
[59] Ebd. S. 168 ff. Hervorhebung von A.F. An dieser Stelle ist ein Hinweis auf einen Aufsatz Foucaults angebracht, wo dieser von der Kommunikation zweier „Sprachen" handelt, nämlich der des Wahnsinns und der der Literatur: „Der Wahnsinn. Abwesenheit eines Werkes", in: Schriften 1. A.a.O. S. 539-550)
[60] Vgl. Blanchot. 1991. S 173 f.

dem es in den Lauf der Geschichte eintritt; *sich zu verwirklichen, indem es verschwindet.*"[61]

Damit ist ein Verständnis der *Literatur als „désoeuvrement"* angesprochen, da das Werk im jeweiligen Leser erst entsteht. In diesen Begriff fasst Blanchot „dieses Sich-Verbergen des Werkes, dessen Entwerkung", wie es Baranowski verdeutlicht.

Über das Lesen hat sich Blanchot ausführlich in *Der literarische Raum* geäußert. Darin beschreibt er das Lesen als einfache Zustimmung, aber nicht als Zustimmung zu dem, was der Autor gemeint hat, sondern das Lesen ist „neutrale Ermöglichung des Sichschreibens des Geschriebenen. ... Lesen ist die Schaffung eines Raumes, worin das Werk stattfinden kann;" wie es Hans-Jost Frey formuliert[62] und ergänzt: „Lektüre ist nicht Besitznahme und auch nicht ... Rezeption, sondern Ermöglichung für das Werk, sich mitzuteilen." (Ebd.)

2.4 Die Unmittelbarkeit als Zentrum des Schreibens

Blanchot schreibt im Motto, das dem *Literarischen Raum* vorangestellt ist, dass ein Buch, selbst ein fragmentarisches, ein Zentrum habe, „zu dem es hingezogen wird: kein festes Zentrum ... ein auch festes Zentrum ... Wer das Buch schreibt, schreibt es aus dem Wunsch nach diesem, aus der Unkenntnis dieses Zentrums."[63] Speziell in diesem Buch bezeichnet er als das Zentrum die Seiten, die den Titel „Der Blick des Orpheus" tragen. Aber ich denke, dass das gesamte Schreiben Blanchots geprägt ist von dem hier verwendeten Topos in dem Sinne, dass es ihm in vielen sei-

---

[61] Zitiert nach Baranowski. 2008. S. 172. Hervorhebungen von A.F.
[62] Frey. 2007. S. 22.
[63] Blanchot. Zürich. 2012. S. 9.

ner Schriften darum geht, im Schreiben das Unmittelbare aufzuspüren, das im Verwenden der Worte beim Schreiben nicht feststell-bar ist, weil es durch die Allgemeinheit, die die Worte ausdrücken, verschwindet, sich der Sprache entzieht. Dies ist ein Hauptthema seiner Essays *La littérature et le droit à la mort* und des 1959 erschienenen *Le Grand Refus* (*Die große Verweigerung*).

Ich denke, dass die UNMITTELBARKEIT ein Problem bei Blanchot war, die beim Schreiben über Schriftsteller und beim Schreiben über das Schreiben immer wieder aufgetaucht ist, so wenn er z. B. über Rousseau in *Le livre à venir* (*Der Gesang der Sirenen*) schreibt:

> „Was gibt es denn Vernunftwidrigeres als das Ansinnen, *aus der Sprache den Aufenthalt des Unmittelbaren und einen Ort der Mittlung machen zu wollen*, mit ihr den Ursprung fassen und die Bewegung der Entäußerung oder Entfremdung vollziehen zu wollen, die Gewißheit dessen, was eben erst anhebt und die Ungewißheit dessen, was nur von neuem beginnt, einfangen zu wollen und sogar die absolute Wahrheit dessen, was gleichwohl noch nicht wahr ist."[64]

An ein *Zitat von Artaud* anknüpfend, worin dieser beschreibt, dass dann,

> „wenn das Ding im Begriff ist, geistig zu erscheinen, ein überlegender und boshafter Wille zersetzend auf die Seele ein(wirkt), ... zersetzt die Masse ‚Bild-und-Wort', zersetzt die Masse des Gefühls und läßt mich keuchend und zappelnd gleichsam an der Schwelle des eigentlichen Lebens zurück" (soweit das Zitat von Artaud, auf das sich Blanchot im Folgenden bezieht),

an dieses Zitat anknüpfend schreibt Blanchot, dass Artaud eine Beute „der Illusion des Unmittelbaren wird", wenn man sieht, „*wie dieses ‚Unmittelbare', das er Leben nennt*, von ihm weggezogen

---

[64] Blanchot: Frankfurt/M. 1982. S. 71f. Hervorhebung von A.F.

wird" durch einen „Bruch". (Ebd. S. 57) Er setze an die erste Stelle nicht mehr die „unmittelbare Ganzheit", nicht „die Fülle des Seins", sondern die Enteignung nimmt die erste Stelle ein, „der Riß und der Spalt, die Erosion und die Zerrissenheit, der Ausfall und die nagende Entbehrung; das Sein ist nicht das Sein, es ist vielmehr das fehlende Sein, das erlebte Fortsein, das bewirkt, *daß das Leben* entschwindend, *nicht zu fassen und in keinen Ausdruck zu bringen ist.*" (Ebd. S. 58. Hervorhebungen von A.F.)

Wenn Blanchot von der „Illusion des Unmittelbaren" schreibt, so drückt er an dieser Stelle deutlicher als sonst aus, dass es eigentlich nicht möglich ist, die Unmittelbarkeit (das Leben, wie Artaud „übersetzt") in der Sprache zu finden, was ihn aber nicht abhält, sowohl bei sich selbst als auch bei anderen danach zu suchen. Gleich zu Beginn seiner Schrift *Le Grand Refus*, der ich mich jetzt zuwenden möchte, schreibt er:

> „Es ist der Tod, d. h. die Verweigerung des Todes, ... was den Menschen dazu bringt, einen Raum von Dauer zu bewerkstelligen, in dem die Wahrheit wiederauferstehen könnte, selbst wenn sie umkommt."[65] Die „Wahrheit", die Blanchot hier meint, die der „Begriff(e) (folglich die der ganzen Sprache)", ist ein Verrat, ein Trug, weil sie ein Jenseits vortäuscht, eine Zukunft ohne Tod, eine Logik ohne Zufall. Dabei haben wir etwas verloren, nämlich den Tod. Die Wahrheit behält „von der Gegenwärtigkeit nur das zurück, was dem Verwesen ... entgehend, folglich nicht mehr wirklich *ist*." (Ebd. S. 9)

Das durch Sprache entstehende Problem ist, dass der *Name* den „Augenblick verloren gehen (lässt), ebenso wie das, stets allgemeine, *Wort* immer schon das verfehlt hat, was es benennt." (Ebd.) Es ist dieser Hegelsche Gedanke aus der „Phänomenologie des Geistes", dass die Worte und die Begriffe und die Namen das

---

[65] Blanchot: Die große Verweigerung. 2007. S. 7.

jeweiligen Einzelding, das singuläre Ereignis, die Einzelperson verschwinden lässt in der aus der Sprache nicht zu tilgenden Allgemeinheit, die sie *das Hier und das Jetzt* nicht fassen oder festhalten lässt.

Bei Gelhard heißt es: „Blanchot beschränkt sich nicht auf den Nachweis, daß jeder Versuch, eine Sache schlicht zu benennen, ebendiese Sache ‚ertötet' oder absentiert; er zeigt zugleich, daß es nicht weniger unmöglich ist *nicht* zu nennen."[66]

Die auch sich in der Sprache zeigende *Unmittelbarkeit des Hier und Jetzt*, die eigentlich eine Unmöglichkeit ist, ist es, die Blanchot fasziniert bei sich selbst und bei den Schriftstellern sucht, die er als Literaturkritiker bespricht – genannt seien hier vor allem Hölderlin, Char, Bonnefoy, Beckett, Duras und Rilke.

In *Le Grand Refus* ist es zunächst Bonnefoy, dem sich Blanchot zuwendet, der versucht, durch BILDER „den Akt der Gegenwärtigkeit wiederzuerfassen, den wahren Ort, dort, wo sich in einer ungeteilten Einheit das versammelt, *was ‚ist'*: dieses abgerissene Efeublatt, dieser nackte Stein, ein in der Nacht versprengter Schritt."[67] Dazu ein Zitat von Bonnefoy aus seinem Aufsatz: „Die Grabmäler von Ravenna":

> „Das sinnliche Ding ist *Gegenwart*. Es unterscheidet sich vom Begrifflichen vor allem durch eine Tat, seine Anwesenheit. Und durch ein Entgleiten. Es ist hier, es ist jetzt. ... In dem Maße wie es anwesend ist, hört das Ding nicht auf zu verschwinden. In dem Maße, wie es verschwindet, nötigt es seine Gegenwart auf, es schreit sie heraus. ... In einer Allegorie würde ich sagen: es ist dieses Fragment des düsteren Baumes, dieses abgebrochene Blatt des Efeu. Das vollständige Blatt, das sein unveränderliches Wesen aus seinem ganzen Geäder erbaut, wäre schon der Begriff.

---

[66] Gelhard 2005. S. 139.
[67] Blanchot: Die große Verweigerung. S. 10. Hervorhebungen von A.F.

> Aber dieses zerstörte Blatt, grün und schwarz, schmutzig, dieses Blatt ... ist reine Anwesenheit und folglich meine Rettung."[68]

Diese genannten Beispiele, die Blanchot in seinem Text auch benennt, sind – nach meiner Lesart – Beispiele, die eine Unmittelbarkeit, eine Gegenwart benennen, die „die Dunkelheit selber und die schwarze Realität des unbeschreiblichen Ereignisses ist."[69]

Die Frage, die sich hier stellt, ist die, ob es Bonnefoy gelingt, durch die Macht der BILDER, die er beschwört, das Verschwinden dessen,

> „was *ist*, also die „Unmittelbarkeit" aufzuhalten; diese Frage ist es, die Blanchot nicht „innehalten" lässt, sondern weitertreibt. Er schreibt, dass der „Wegverlauf" von Bonnefoy „ein großes Anziehungsvermögen (habe), einen hohen Sinn, dessen wir uns nicht entledigen müssen." (Ebd.)

Dazu nochmals ein Zitat von Bonnefoy aus dem oben zitierten Essay, wo er zum Begriff (also zur Sprache in Abgrenzung zum Ornament) schreibt:

> „Der Begriff kann den Tod leugnen, weil dieser zugleich ist, was sich seiner Abstraktion entzieht. Der Begriff erfüllt sich in ‚kohärentem' Denken. Das System ist die Vollendung eines Schutzwalls gegen den Tod." (Bonnefoy. 1994. S. 14)

In dem Essay über Baudelaires „Die Blumen des Bösen" im schon zitierten Buch schreibt Bonnefoy:

> „Der Begriff verbirgt den Tod, und die Rede ist lügenhaft, weil sie aus der Welt etwas hinwegnimmt: den Tod, und auf diese Weise alles zunichte macht. Nichts ist, wenn nicht durch den Tod. Und nichts ist wahr, was sich nicht durch den Tod bewahrt." (Ebd. S. 27)

---

[68] in: *Das Unwahrscheinliche oder die Kunst*. München 1994. S. 21 f.
[69] Blanchot. Die große Verweigerung. 2007. S. 10.

Gegen die von Bonnefoy behauptete „große Verweigerung" des Todes durch den Begriff setzt Blanchot, dass die „Kraft des Begriffs" bewirkt, dass in das Denken die dem Tod eigene Negation eingeführt wird, „damit in dieser Negation jede erstarrte Form des Denkens verschwindet." (Blanchot. Verweigerung. 2007. S. 11)

Blanchot kommt dann auf Hölderlin zu sprechen, der „das Heilige" als das bezeichnet, das die „unmittelbare Gegenwärtigkeit" sei, nämlich das Heilige, das „nichts anderes (ist) als die Wirklichkeit der sinnlichen Gegenwärtigkeit" und er zitiert Heidegger, dass es das sei, „was weder Stütze noch Halt bietet, *der Terror des Unmittelbaren*, das jedes Erfassen scheitern läßt, die Erschütterung des Chaos." (Ebd. S. 15. Hervorhebung von A.F.)

Ich möchte auf die Auseinandersetzung Blanchots um die Mittelbarkeit oder Unmittelbarkeit, die er im Zusammenhang der Beschäftigung Heideggers mit Hölderlin ausführlich diskutiert, hier nicht weiter eingehen, da es mir nur darum geht, *zu zeigen, dass die Frage nach der sprachlichen Vermittlung einer Unmittelbarkeit für mich im Zentrum der Auseinandersetzungen Blanchots mit der Verflechtung von Sprache und Tod steht, die sich gerade im fiktionalen Werk Blanchots zeigt*. In diesem Zusammenhang wichtig scheint mir noch folgendes Zitat Blanchots:

> „Es kann kein unmittelbares Erfassen des Unmittelbaren geben (Hölderlin sagt es, mit seiner erschütternden Kraft, in dem *Das Höchste* betitelten Fragment). *Das Unmittelbare schließt alles Unmittelbare aus*: das will sagen, jeglichen direkten Bezug, jede mystische Verschmelzung und jeden sinnlichen Kontakt, ebenso wie es sich ausschließt – auf seine Unmittelbarkeit verzichtet –, so daß, um Zugang zu gewähren, es sich jedesmal eines Zwischenvermittlers unterstellen muß." (Ebd. S. 18. Hervorhebung von A.F.) Dies sage uns selbst etwas über die Gegenwärtigkeit selbst aus: „Die unmittelbare Gegenwärtigkeit ist Gegenwärtigkeit dessen, was nicht gegenwärtig sein kann, Gegenwärigkeit des Nicht-Zugänglichen, alle Ge-

genwart ausschließende oder überbordende Gegenwärtigkeit." (Ebd. S. 19)

Das, was Blanchot mit der dichterischen Suche nach der „unmittelbaren Gegenwärtigkeit" seines eigenen dichterischen Schreibens und dem anderer Autoren meint, zeigt sich mir deutlicher in seinen Ausführungen zu Skulpturen Giacomettis, die ich an dieser Stelle in einem Exkurs näher ausführen will.

Exkurs: Das Schreiben Blanchots und die Skulpturen Giacomettis

Ein wichtiger Gesichtspunkt, der mir aufgefallen ist, wenn man die Überlegungen Blanchots zum Schreiben selber betrachtet, ist seine von ihm behauptete Nähe zu den Skulpturen Giacomettis, die er in einer Besprechung eines Buches von Jacques Dupin über Giacometti deutlich macht. Erschienen ist diese Rezension erstmals auf Deutsch in der Publikation des Matthes & Seitz Verlages von 1988: *Der Pfahl II*.[70]

Die Besprechung hat den Titel *„Spuren"*, wobei von Blanchot der Anklang an Ernst Blochs gleichnamiges Buch nach Blanchot bewusst gewählt wurde, weil „Spuren (zum Beispiel die auf dem Tonband, wo Stimmen nebeneinander liegen, ohne sich zu mischen), unzusammenhängende Worte, Behauptungen, die nicht nur fragmentarisch sind, sondern sich auf eine Erfahrung des Fragmentarischen thematisch beziehen" (Ebd. S. 181) zusammengefasst sind.

Gleich am Anfang der Rezension schreibt Blanchot:

„Nach der Lektüre dieser Texte (über Giacometti. A.F.) verstehe ich besser, warum uns ein solches Werk nahesteht, ich meine dem Schreiben na-

---

[70] Blanchot: „Spuren". In: Der Pfahl. Jahrbuch aus dem Niemandsland zwischen Kunst und Wissenschaft. II. Matthes & Seitz. München. 1988. S. 81-83.

besteht, und zwar derart, daß sich jeder Schriftsteller betroffen fühlt – obwohl es überhaupt nicht ‚literarisch' ist – und das Bedürfnis spürt, es unablässig zu befragen, wohlwissend, *daß er es nicht durch die Schrift wiederholen kann.*" (Ebd. Hervorhebung von A.F.)

Diese Bemerkungen scheinen mir in mehrfacher Hinsicht für die Theorie (und Praxis) des Schreibens bei Blanchot bedeutungsvoll. Sie erfüllen in einer erstaunlichen Weise eine sonst nicht so eindeutig benannte Metaebene der Vorstellung(en) über sein Schreiben.

Der Blick auf bzw. die Beziehung auf das Werk Giacomettis (er nennt hier konkret die Skulpturen „Die Stehende" und „Die Frau in Venedig"),

> „diese Beziehung ist die einer Distanz. Die Distanz ist absolut. Im Hinblick auf diese absolute Distanz ist das, was vor uns aufscheint, aber gleichsam ohne uns, das ‚Aufscheinen einer Präsenz'"; und er fährt fort: „die Präsenz ist nichts Gegenwärtiges, was da ist, nicht näher kommend, nicht sich entziehend, ohne alle Kenntnis der Spiele des Unfaßbaren, ist mit der schlagartigen Evidenz der Präsenz plötzlich da. ... Die Präsenz ist das Aufscheinen der ‚getrennten Präsenz': das, was unerreicht zu uns kommt, unbewegt in der Schlagartigkeit seines Kommens, und sich fremd, unberührt in seiner Fremdheit, darbietet." (Ebd.)

Dass Blanchot hier nicht nur die Arbeitsweise Giacomettis beschreibt, sondern auch seinen immer wiederholten Versuch des Schreibens einer Präsenz, einer Unmittelbarkeit, die aber nur in der Distanz möglich scheint, wird vor allem in folgendem Zitat deutlich:

> „Die Präsenz ist Präsenz nur in der Distanz und diese Distanz ist absolut, also unüberwindbar, also unendlich." Giacometti „zieht uns unsichtbar zu diesem einzigartigen Punkt, wo sich das anwesende Ding (das plastische Objekt, die dargestellte Figur) in die reine Präsenz verwandelt, Präsenz des anderen in seiner Fremdheit und das heißt auch radikale Nicht-Präsenz, ... eine Distanz, die die Tiefe der Präsenz selbst ist, die ganz ma-

nifest und auf ihre Oberfläche zurückgenommen, ohne Innenleben zu sein scheint, obwohl doch unantastbar, weil sie mit der Unendlichkeit des Draußen identisch ist." (S. 182f.)

Beim Versuch, diese Zitate über die Skulpturen Giacomettis in die theoretischen Ausführungen Blanchots zum literarischen Schreiben zu „übersetzen", wird für mich deutlich, dass sich das literarische Schreiben für Blanchot immer als ein „Denken des Außen" manifestiert, wie es Foucault in seinem Aufsatz zu Blanchot formuliert hat, und sich im literarischen Schreiben auch immer eine Fremdheit ausdrückt, die nicht von einer (wie auch immer gearteten) Innerlichkeit „zurückgenommen" oder vereinnahmt werden kann. Die literarische Sprache entzieht sich so auch einer eindeutigen Inbesitznahme durch einen Leser, sie bietet sich dar als „getrennte Präsenz" und unberührt in ihrer Fremdheit.

Supplement zum Unmittelbaren bei Paul Valéry
Zumindest hinweisen möchte ich auf einen Aufsatz von Katharina Münchberg über: „Präsenz und Reflexion, Prosa und Poesie in Valérys *Rhumbs*" (in: Blüher/Schmidt-Radefeld. Hrsg.: Forschungen zu Paul Valéry. Bd. 24. Kiel 2012. Zitate daraus S. 75ff), wo es um den in diesem Abschnitt diskutierten „Zusammenhang von „Sprachimmanenz und Welterfahrung" bei Valéry geht, und wo sie schreibt:

„Valéry, der Dichter der poésie pure, erweist sich in den kurzen Prosatexten der *Rhumbs* als ein Dichter mit hoher Sensibilität für *eine sprachlich unzugängliche Phänomenalität* und eine von sinnlichen Eindrücken gesättigte Erfahrungswelt. So sind Valérys Texte in *Rhumbs* nicht nur Experimente mit der Sprache als Sprache, sondern auch Explorationen im Bereich der Materie, des

Körpers und der sinnlichen Erfahrung, jenem *Bereich, wo die Sprache an ihre eigenen Grenzen stößt* und dem Valéry in seiner offiziellen Poetik offenbar keinen Platz eingeräumt hat – oder keinen Platz einräumen wollte." Und: „In der Begegnung mit der unergründlichen Gegenwart der Dinge *sieht sich Valéry konfrontiert mit einer dem sprachlichen Zugriff widerständigen Welt. Der Prosatext nimmt Bezug auf einen externen Referenten, dessen gegenständliche Anwesenheit nicht einzuholen ist.*" (Hervorhebungen von A.F.)

3 *Le Très-Haut* als Beispiel für das fiktionale Schreiben Blanchots in der Perspektive seiner „Theorie des Schreibens"

3.1 *Zeitsprünge und der Orest-Mythos*

Geschildert, eher in ihren Auswirkungen berichtet, werden Symptome von Krankheit(en), die den Protagonisten Henri Sorge, den Ich-Erzähler des Romans, betreffen und andere Menschen; es ist von tatsächlich oder angeblich ausgebrochenen Seuchen die Rede, die eher als Gerücht existieren, als dass sie tatsächlich als sichtbare Phänomene geschildert werden. Werden Sie doch beschrieben, weiß man als Leser nicht, ob sie nicht nur Fieberphantasien des Protagonisten Henri Sorge sind. Durch das Schreiben des Ich-Erzählers erfährt der Leser auch von drohendem Sterben, vom Tod anderer, was aber kaum konkretisiert wird, aber beim Lesen ständig als Bedrohung gegenwärtig bleibt.

Im Klappentext[71] der deutschen Übersetzung des Romans sind einige Bemerkungen Blanchots selbst zu seinem Roman zu lesen:

„Ein Buch, das wie dieser Roman in der ersten Person geschrieben ist, legt über die wirklichen Ereignisse den Schleier eines Blicks und einer gesetzten Gegenwart." Dieser „gesetzten Gegenwart", wie dies von Blanchot bezeichnet wird, will ich mich zunächst, um dem Roman selbst näher zu kommen, zuwenden. Blanchot schreibt von der „seltsamen Wirkung solcher Romane" (wie der vorliegende Roman *Le Très-Haut*), die „von dem *Widerspruch*" geprägt seien, „dass sie zwar eine *Gegenwart setzen, jedoch die Geschichte einer Gegenwart sind.*" (Hervorhebungen von A.F.) Mir scheint, dass damit der Widerspruch angesprochen ist, der im bloßen Setzen einer Gegenwart ohne die Geschichte, aus der die Gegenwart kommt, und die in die Gegenwart hineinreicht, liegen könnte.

Außerdem reicht die von mir als Leser als bedrohlich empfundene Zukunft, die im Roman zum Ausdruck kommt, derart bis in die (gesetzte) Gegenwart hinein durch die vom Ich-Erzähler berichteten Todesnachrichten und Seuchen. Dies prägt die Lesart des Romans entscheidend. Zum anderen wird z. B. die Familiengeschichte Orests, auf die im Roman selbst immer wieder angespielt und die in einer anderen Form für die Gegenwart neu erzählt wird, gewissermaßen aus der Vergangenheit in eine

---

[71] Ich konnte die Quelle, die diesem Zitat zugrunde liegt, nicht ermitteln. Anfragen dazu an den deutschen Verlag des Romans hatten – trotz wiederholter Versuche – keinen Erfolg. Ich bin deshalb davon ausgegangen, diese auf dem Buchumschlag veröffentlichten Texte Blanchots zu seinem Roman als authentische Quelle benutzen zu können, wie dies auch in einem Aufsatz Timo Obergöker tut, der die Aussagen Blanchots aus dem Klappentext der Neuausgabe des Romans 1988 in Paris als Quelle benutzt, worauf ich weiter unten noch eingehen werde.

Gegenwart „gesetzt" mit Henri Sorge, der Schwester Louise, der Mutter, dem toten Vater und dem im Staat mächtigen Stiefvater.

Das neue „Erzählen" dieser alten Geschichte erschöpft sich jedoch darin, dass die Personenkonstellation erkennbar wird und die zwischen den Personen wirksamen Konflikte. Auch den betreffenden Personen scheint die Konfrontation dieser Familiengeschichte durchaus bewusst zu sein, da immer wieder darauf angespielt wird. Die Übersetzerin des Romans, Nathalie Mälzer-Semlinger, drückt es so aus:

„Hinter jeder Figur aus Sorges Familie steht ein Toter, eine mythologische Figur, und sieht sie an." (S. 396)

Sie kommt auch auf die durch die sprachliche Technik der angewandten Montage bedingten sprachlichen „fast unmerklichen Zeitsprünge" zu sprechen, „die häufig weder durch eine Leerzeile noch durch einen Absatz gekennzeichnet sind." (S. 393 f.) Dies entspricht im Literarischen einer filmischen Montagetechnik (dem „jumpcut" der Nouvelle Vague), „bei der eine Figur oder ein Objekt in zwei aufeinanderfolgenden Einstellungen in unterschiedlichen Räumen und doch einer annähernd gleichen Position gezeigt wird", wodurch der Eindruck eines Zeitsprungs entstehe. (Ebd.) Dies gilt nach meiner Lesart vor allem für die Familiengeschichte Orests, die in der Familiengeschichte Henri Sorges, ein Spiegelbild der aus dem Orest-Mythos bekannten Personenkonstellation der antiken Familiengeschichte zu sein scheint. Nur auf den ersten Blick haben wir es, wie die Übersetzerin schreibt, „mit einer linear ablaufenden Zeit zu tun – schon nach wenigen Seiten deutet sich an, dass dem Text der Orest-Mythos zugrunde liegt, der sich in den Figuren immer wieder aktualisiert." (S. 395) Die prägnanteste Stelle, wo dies auch im Text deutlich wird, ist die Folgende, die auch die Folie des Orest-Mythos deutlich macht, die das Lesen des Romans in weiten Teilen bestimmt:

> „Mir wurde klar, dass sich all dies schon eher hätte zutragen können, vor Jahrtausenden, als habe die Zeit sich aufgetan und ich sei durch diese Bresche gefallen. Meine Mutter wurde mir geradezu unangenehm. Ich war verwirrt und begriff zugleich besser, warum sie sich so reserviert gab, warum ich vor Jahren den Kontakt zu ihr abgebrochen hatte, warum … Es rührte von damals her. Meine Mutter war nun jemand von früher, eine monumentale Person, die mich zu vollkommen wahnwitzigen Dingen anstiften konnte. Das war die Familie. Die Erinnerung an eine Zeit vor dem Gesetz, ein Schrei, rohe Worte, die aus der Vergangenheit stammten." (S. 11 f.)

In einer Anmerkung zu einem Essay über Kafkas Roman *Das Schloss*, der unter dem Titel „Die Holzbrücke" in seinem Buch *„Von Kafka zu Kafka"* erschienen ist, schreibt Blanchot über die Interpretationen und die Deutungsfülle, die dieser Roman Kafkas zur Folge gehabt habe; man könne

> „zwar alle Vorgänger des Werks aufspüren, alle Mythen, die es aufnimmt, alle Bücher, auf die es sich bezieht, aber diese Wiederholung, wiewohl sie als Leser wahr ist, wäre es nicht im gleichen Maße, wenn man daraus die Wahrheit des Buches machen wollte, so wie sie sich vielleicht für Kafka selbst und gleichsam für seine Nachwelt darstellte."[72]

Ich möchte dieses Zitat auch in diesem Sinne für den Orest-Mythos seines eigenen Romans gelten lassen. Dies zumal auch deshalb, weil ich den Eindruck habe, dass auch Kafkas Schreiben von (unvollendeten) Romanen und Erzählungen für Blanchots eigenes (fiktives) Schreiben eine Art Vorbild war – zumindest eine Reminiszenz an Kafka.

---

[72] Blanchot 1993. S. 165. Anm. 3

Im Text Blanchots selbst finden sich aber auch Zeitverschiebungen in der Form, dass Elemente in erzählenden Passagen, die Orte, in denen sich die handelnden Figuren bewegen, sich für den Leser abrupt verändern, ohne dass dies sprachlich kenntlich gemacht wird. Ein Beispiel, das dies deutlich macht, ist die (im Roman S. 48 beschriebene) Szene, wo sich Sorge und seine Nachbarin zunächst im Fotogeschäft befinden, dann plötzlich auf der Straße sind und kurz danach unvermittelt in einem Restaurant. Dieser Effekt tritt im Roman sehr häufig auf, so dass es für den Leser schwierig ist, Ort und Zeit eindeutig festzulegen und die Person, die gerade spricht oder handelt, zu identifizieren.

Die Verwirrungen des Lesers werden oft nicht aufgeklärt, auch wenn der Ich-Erzähler Sorge scheinbar eine Aufklärung der Personen, um die es sich handelt, zu geben scheint, indem er – um ein Beispiel zu nennen – schreibt: „in dem Moment stieß es mir auf: Sie (die vermeintliche Krankenschwester – Einfügung A.F.) ähnelte meiner Schwester." (S. 354) Solche Uneindeutigkeiten prägen durchaus das Schreiben Blanchots, worauf ich noch näher eingehen werde, da sie konstitutiv für das Schreiben Blanchots sind, auch für diesen Roman.

Im Klappentext des Buches wird Blanchot weiter damit zitiert, dass Bücher, wie der vorliegende Roman, vielleicht deswegen eine

> „seltsame Wirkung" ausüben, weil sie „zwar in der ersten Person verfasst sind, jedoch in der dritten gelesen werden." Und weiter heißt es: „Wer in einem Buch, aus dem er sich gänzlich abwesend wähnt, ‚Ich' schreibt, legt zweifelsohne eine große Selbstgefälligkeit an den Tag. Denn die eigene Gegenwart zu setzen heißt nicht zwangsläufig, mehr ‚Ich' in die Welt zu bringen, sondern auch niemanden anstelle von ‚Ich' setzen zu wollen."

Dies meint auch das „neutrale Schreiben" (z.B. in der unpersönlichen Er-Form), das ich im folgenden Kapitel näher ausführen werde.

Mit diesen Anmerkungen zu seinem Roman *Le Très-Haut* im Klappentext des Romans spricht Blanchot ein von ihm häufig in seinen Büchern angesprochenes Thema an, dessen Problematik eine ausführliche Darstellung notwendig macht, da es mit dem Problem des NEUTRUMS (neutre, ne-utre) zu tun hat, das im Denken Blanchots und auch in seinen Schriften eine zentrale Rolle spielt.

3.2 Die „Erzählstimme", die als „Neutrum" erzählt

Ausgehen möchte ich von einer Bemerkung von Roland Barthes aus seinem Buch *„Der Nullpunkt der Literatur"* von 1953, wo er schreibt, dass die Literatur nur noch eine Problematik der Sprache sei, deren „Lösung" darin besteht, „eine neutrale Schreibweise zu schaffen, die von aller Unterwerfung unter eine gekennzeichnete Ordnung der Sprache befreit ist."[73] Die Kennzeichnung des Neutralen als „écriture neutre" bezeichnet er als „Lösung" im Streben nach Befreiung der traditionellen (realistischen oder naturalistischen) Schreibweise,[74] wobei er Blanchot als ein Beispiel für diese neue Art zu schreiben ausdrücklich erwähnt. Brune schreibt in seinem Buch über Roland Barthes, dass schon das ers-

---

[73] Barthes: „Am Nullpunkt der Literatur" Frankfurt/M. 1982. S. 88.
[74] Barthes schreibt zur realistischen Schreibweise, dass sie „niemals überzeugen (könne). Sie ist dazu verurteilt, immer nur zu beschreiben, auf Grund jenes dualistischen Dogmas, nach dem es nur eine einzige Optimalform gibt, um eine Wirklichkeit ‚auszudrücken', die träge ist wie ein Objekt, über welches der Schriftsteller nur dadurch Macht habe, daß er die Kunst beherrscht, die Zeichen anzupassen." (Ebd. S. 79)

te Kapitel des Buches von Barthes, das er *Qu'est-ce que l'écriture?* nennt, nur als Replik auf Sartres *Qu'est-ce que la lttérature?* verstanden werden kann (wie dies auch Blanchot mit seinem Essay *Die Literatur und das Recht auf den Tod* ausgeführt hat; allerdings erschöpft sich darin keineswegs die Bedeutung des Essays von Blanchot. A.F.). Damit ersetzt der Begriff der écriture den der Literatur, was man, wie Brune schreibt, mit *„Schreibweise"* übersetzen könnte,

> „insofern dies den technisch-funktionalen Bedeutungsgehalt von écitüre mit aufruft, andererseits schillert in den Oszillationen zwischen den beiden Polen der weiterhin möglichen Übersetzungen von écriture als produktivem Schreibprozeß und als fixierter Schrift bereits das Gegenspielerpaar von Verflüssigung und Fixierung durch."[75]

In *Die Literatur und das Recht auf den Tod* geht Blanchot am Rande auch auf die Literatur Kafkas ein, die er als ein Beispiel für die „neutrale Schreibweise" charakterisiert. Dort heißt es:

> „Darum verbindet sie (Brune verdeutlicht an dieser Stelle: ,die Literatur Kafkas') sich mit der Realität der Sprache, verwandelt sie in einen Stoff ohne Kontur, einen Inhalt ohne Form, eine kapriziöse und unpersönliche Kraft, die nichts sagt, nichts offenbart und die sich in ihrer Weigerung, etwas zu sagen, mit der Auskunft begnügt, daß sie aus der Nacht komme und in die Nacht zurückkehre."[76]

Das von Blanchot als „neutrale Schreibweise" charakterisierte Schreiben Kafkas trifft auch das fiktionale Schreiben Blanchots. Die „Erzählstimme", die als „Neutrum" erzählt, betrifft nach meiner Lesart auch den Ich-Erzähler in seinem Roman *Le Très-Haut*.

---

[75] Brune 2003. S. 46.
[76] Hier zitiert nach: Blanchot. Von Kafka zu Kafka. Frankfurt/M.1993. S. 38f.

Immer wieder hat Blanchot in seinen theoretischen Schriften das „Neutrale" umkreist, ohne es als „Begriff", dem bestimmte festliegende Attribute zukommen, festzulegen. Da es mir hier vor allem darum geht, dem Schreiben Blanchots in seinem Roman näher zu kommen, möchte ich mich auf einige ausgewählte Zitate aus seinen Schriften beschränken, die dies verdeutlichen könnten.

Ehe ich auf den Essay „Die Erzählstimme" eingehe, der den Untertitel *Das ‚Er/Es', das Neutrum* hat, und bei dem es um das neutrale Erzählen Kafkas geht, möchte ich noch auf eine mir beim Lesen dieses Romans *Le Très-Haut* auffällige Besonderheit hinweisen, die sich mir in Form von *Fragen* stellte:

Wer ist hier die Erzählinstanz? In welcher Form wird erzählt? Und mit wessen Stimme habe ich es als Leser zu tun?

Zwar gibt es einen Ich-Erzähler, der mit anderen fiktiven Figuren immer wieder, oft weitläufig erzählend, ins Gespräch kommt (die Übersetzerin des Romans nennt ihn einen „homodiegetischen Ich-Erzähler" – S. 387), und doch scheint die Erzählstimme, die den Text des Romans geschrieben hat, das Individuum Henri Sorge, keineswegs als das souveräne Subjekt, d. h. dessen Standpunkt der erzählten Beobachtungen bleibt ungesichert und uneindeutig. Um dies deutlich zu machen, ein kurzer Ausschnitt eines Gespräches, das Sorge mit Bouxx führt:

> Sorge sagt. „ ...Machen Sie sich nichts vor: ich leide weder unter Wahnvorstellungen, noch habe ich Fieber, ich bin nicht krank. Und ich habe keine Lust, ehrlich zu sein."
> (Bouxx:) „Haben Sie vorhin nicht selbst gesagt, Sie würden sich als krank betrachten?"
> (Sorge:) „Stimmt, das habe ich. Wenn Sie mir zuhören, bin ich ein Kranker. Sobald meine Worte sich Ihnen zuwenden, wenden Sie sich der Krankheit zu. Sonst könnten Sie nicht an Ihr Ohr dringen, und Sie würden Ihnen keinerlei Beachtung schenken oder sich weiter von Ihnen täuschen lassen. Sind Sie nicht immer noch Arzt? Nun, dann muss ich auch

weiter krank sein. Im Moment können wir uns nur auf diese Weise verständigen." (S. 133)

"Ein Buch, das wie dieser Roman in der ersten Person geschrieben ist, legt über die wirklichen Ereignisse den Schleier eines Blicks einer gesetzten Gegenwart. Vielleicht rührt die seltsame Wirkung solcher Bücher daher, dass sie zwar in der ersten Person verfasst sind, jedoch in der dritten gelesen werden." (Hervorhebung von A.F.)

Diese *Bemerkungen Blanchots im Klappentext* der deutschen Ausgabe von Le Très-Haut, die ich hier teilweise nochmals zitiert habe, hat mir beim Lesen des Romans deutlich gemacht, dass es sich *bei diesem Roman nicht um einen eindeutigen Ich-Erzähler handelt*, auch wenn kein auktorialer Erzähler, der eine Geschichte, die in Er-Form erzählt wird, auftaucht, und dass er sich tatsächlich *stellenweise wie eine Er-Erzählung liest*.

In dem Essay über die „Erzählstimme" schreibt Blanchot:

„Der Vollzug des Erzählens wird im allgemeinen – wie man weiß – von einer bestimmten Person übernommen. Diese macht sich nicht etwa durch direktes Erzählen zum Erzähler einer bereits früher oder gerade erlebten Geschichte, sondern sie bildet das Zentrum, von dem aus die Perspektive der Erzählung organisiert ist: alles wird von diesem Blickwinkel aus gesehen. *Es gibt also ein bevorzugtes ‚Ich', selbst wenn es eine Gestalt in der dritten Person ist*, die sorgfältig die Möglichkeiten ihres Wissens und die Grenzen ihres Standpunkts einhält: dieser Stil herrscht ... in subjektivistischen Verfahren vor, welche die Glaubwürdigkeit des Erzählens von der Existenz eines freien Subjekts abhängen lassen – richtiges Verfahren, insofern sie die Entscheidung darstellen, sich an eine vorgefaßte Meinung zu halten ... , richtige, aber keineswegs endgültige Verfahren, denn einerseits behaupten sie zu Unrecht die mögliche Gleichwertigkeit zwischen dem Vollzug des Erzählens und der Transparenz eines Bewußtseins ... , und andererseits bestärken sie die Vorherrschaft des individuellen Bewußtseins, das doch nur an zweiter Stelle und zweitrangig ein redendes Bewußtsein sein kann." (Blanchot. 1993. S. 145f. Hervorhebung von A.F.)

Diese Poetologie des Erzählens von Blanchot habe ich deshalb so ausführlich zitiert, da sie für mich als Leser seines Romans einiges deutlich macht, die mir das Lesen erleichtert hat. Im folgenden Teil des Essays kommt Blanchot auf Kafka zu sprechen, von dem er sagt: „Kafka lehrt uns ..., daß Erzählen das Neutrum ins Spiel bringt." (Ebd. S. 147) Dass er dabei nicht nur von Kafka redet, sondern auch sein eigenes Erzählen, seine eigene Schreibweise charakterisiert, wurde mir beim Lesen seines Romans deutlich. Die Erzählweise des Protagonisten Henri Sorge zeugt von keiner eigenständigen Persönlichkeit, der Erzähler gibt sein Vermögen „Ich" zu sagen, auf (auch wenn er nicht durch ein „il"–„Er/Es" ersetzt wird), und um es mit Blanchot zu sagen: „die Erzählstimme ist Neutrum". (Ebd.)

Ein Teil der Fragen, die ich oben an den Text des Romans gestellt habe, finden in folgendem Zitat aus dem Essay Blanchots über das Neutrale teilweise eine Antwort:

> „Im neutralen Raum der Erzählung fallen die Träger der Rede, die Handlungssubjekte – die einst den Platz der Romangestalten innehatten – mit sich selbst in eine Beziehung der Nicht-Identifikation: ihnen geschieht etwas, das sie nur begreifen können, wenn sie ihr Vermögen ‚Ich' zu sagen, aufgeben, und was ihnen geschieht, ist ihnen immer schon geschehen: sie könnten darüber nur indirekt berichten, wie im Vergessen ihrer selbst, und dieses Vergessen führt sie ein in das Gegenwärtige ohne Erinnerung, in das Gegenwärtige der Erzählsprache." (Ebd. S. 148)

Um das, was Blanchot als das „Neutrum" bezeichnet näher zu umreißen, scheint es mir doch notwendig zu sein, auf die Essays einzugehen, in denen er über „René Char und das Denken des Neutralen" schreibt und auf den Essay „Einklammerungen" (beide in: Blanchot: *Das Neutrale*. 2010), sowie auf die Einleitung zu diesem Buch von Jean-Luc Nancy, betitelt: „Das Neutrale, die Neutralisierung des Neutralen".

An einer Gedichtzeile Chars anknüpfend, die lautet. „Wie leben, ohne Unbekanntes vor sich?", fragt Blanchot: „Warum diese Forderung nach einem Verhältnis mit dem Unbekannten?" und nach dem Hinweis, dass das Unbekannte als Wort ein Neutrum sei, das es als Geschlecht in französischer Sprache nicht gibt:

> „Das Neutrum ist das, was sich auf kein Geschlecht verteilt: das Nicht-Allgemeine, das Oberbegriffslose, das Nicht-Besondere. Es verweigert die Zugehörigkeit zur Kategorie des Objekts ebenso wie zu der des Subjekts. ... Das Unbekannte wird stets im Neutrum gedacht." Und er ergänzt, „dass die Erfahrung des Neutralen jedem Verhältnis zum Unbekannten innewohnt." (Blanchot. 2010. S. 15f)

Wichtig scheint mir noch der Hinweis, dass „die Suche – die Dichtung, das Denken – berichtet vom Unbekannten als Unbekanntem. ... *Das Unbekannte als Neutrales* setzt, ein Verhältnis, das jeder Forderung nach Identität und Einheit, sogar nach Gegenwärtigkeit, fremd ist." (Ebd. S. 18. Hervorhebung von A.F.) Das Unbekannte entzieht sich, „wie der Tod", jedem Zugriff, „außer dem Sprechen, aber insofern dieses kein Zugriff ist, keine Erfassung", wobei Blanchot die Gleichsetzung von Sprechen und Schreiben andeutet. (Ebd. S. 20f)

Nachdem Blanchot in dem Essay „Einklammerungen" alles das, was das Neutrale nicht ist, ausgeschlossen hat (u.a. hat es nichts mit einer „grundlegenden Indifferenz" zu tun), hebt er hervor, dass das Sprechen für ein Neutrales gehalten werden kann, „wenn es im Sprechen *sich selbst oder den, der es spricht, nicht beachtet.*" (Ebd. S. 23)

Damit ist meines Erachtens ein wesentliches Merkmal der Literatur benannt, nämlich das Einklammern des intentionalen Sprechens und dessen, der spricht – das ausgelöschte Subjekt, das Ich, das sich in ein (geschriebenes oder gelesenes) il – Er/Es verschiebt. Blanchot drückt es so aus, dass das Charakteristische dessen, was man Literatur nennt, „darin liegt, auf unendliche Weise die Epoché[77] zu verfolgen, die strenge Aufgabe, in Schwebe zu halten und sich in Schwebe zu halten, ohne dass diese Bewegung der Negativität zugerechnet werden könnte. – Neutrales wäre der literarische Akt, der weder Affirmation noch Negation ist." (Ebd. S. 24f)

Die vorstehenden Zitate Blanchots über das Neutrale aus dem Essay „Einklammerungen" sind nur eine Auswahl der in den Texten thematisierten Aussagen über das Neutrale, wobei diese in Dialogform verschiedenen Sprechern, die nicht benannt oder sonst charakterisiert werden, zugeschrieben sind. Damit ist jede Aussage auch für den Leser von der persönlichen Meinung Blanchots abgetrennt, wie er dies in seinen Schriften häufig praktiziert oder vielleicht sogar bewusst demonstriert.

Zumindest einen kurzen Hinweis auf einen Aspekt des Neutralen möchte ich noch geben, nämlich auf das *il y a*, das bei Blanchot und Levinas gleichermaßen auftaucht. Das *il y a* ist das, was übrigbleibt, wenn „alle Seienden ins Nichts zurück(kehrten): Dinge und Personen."[78] Die Verbindung des *il y a* mit dem Neutrum in der Literatur bei Blanchot stellt Christophe Bident her,

---

[77] Angesprochen ist hier die Husserlsche phänomenologische „Einklammerung" der natürlichen Einstellung des Ichs zu sich selbst, also des eigenen Urteils, des Urteils über die Sache und des Urteils anderer, um nur „die Sache selbst" zu ergreifen. Blanchot schreibt von „einer ironischen Überbietung der Epoché: Es ist in der Tat nicht allein die natürliche Einstellung, nicht einmal die Existenzsetzung, die einzuklammern wäre, damit ... der Sinn erscheinen könnte; es wäre der Sinn selbst, der Sinn nur tragen würde, wenn er eingeklammert würde." (Ebd.)

[78] Levinas: „Vom Sein zum Seienden". Freiburg. 1997. S. 69; zitiert nach Gelhard. A.a.O. S. 108.

wenn er neben dem *il y a* noch das *Nichtwissen (non-knowledge)* nennt und fragt, was ihnen gemeinsam ist:

> „First, their verbal or grammatical impersonality, not to say neutrality; and second, their atopia, in other words, their neutrality in terms of semiological categorie. It is not hard to understand ... the fundamental role that these two notions ... might have played in the elaboration of Blanchots neuter."[79]

Blanchot weist in *La littérature et le droit à la mort* darauf hin, dass Levinas

> „unter dem Titel *il y a* diesen anonymen und unpersönlichen Strom des Seins ans ‚Licht' gebracht (hat); eines Seins, das jedem Sein vorausgeht, das inmitten des Verschwindens bereits gegenwärtig ist ... , wenn es nichts gibt, gibt es Sein (quand il n'y a rien il y a de l'etre)."[80]

Für mich stellt sich dies so dar, dass die Literatur, das Schreiben von Fiktion, die nur „den Schatten einer Referenz zur Realität" zeigt, ein Versuch ist, dem *il y a* und dem *Nichtwissen* Sprache zu geben. Vielleicht gibt es deshalb die „unendlichen Versuche" Blanchots mit dem Schreiben von Literatur und mit dem Schreiben über das Schreiben.

3.3 Der Roman „Der Allerhöchste"

Nachdem ich bisher versucht habe, vor allem die „Literaturtheorie" Blanchots, die eine Art „Theorie des Schreibens" ist, deutlich zu machen, will ich mich nun einigen (weiteren) Aspekten des Romans *Le Très-Haut* zuwenden, die mir aufgefallen, und die im Rahmen der Themenstellung dieser Arbeit nach meiner Einschät-

---

[79] Bident: „The movements of the neuter". In: Hill, Leslie (Ed.): „After Blanchot". 2005. S. 17
[80] Hier zitiert nach Gelhard. A.a.O. S. 104.

zung von Bedeutung sind. Dabei möchte ich nicht den Versuch machen die einzelnen Aspekte, die ich hervorheben will, in einen kohärenten oder gar systematischen Zusammenhang einzuordnen. Stattdessen sind die folgenden Abschnitte als Versuch zu lesen, mich als Leser diesem fiktionalen Buch Blanchots, dem Roman *Le Très-Haut* anzunähern.

Eine Besonderheit, die mir aufgefallen ist, möchte ich an dieser Stelle noch erwähnen, nämlich die Verwendung des *Begriffs der Allegorie* an verschiedenen Stellen des Romans (z.B. S. 21, 100, 106). Bei Johanna Bossinade habe ich einen Satz gefunden, der mich dann neugierig gemacht hat, und der für mich einiges deutlicher gemacht hat. Sie schreibt: „In der Geistesgeschichte wird die Allegorie oft mit dem Tod assoziiert."[81] Da der Tod und das Sterben in diesem Roman zentrale Themen sind, möchte ich dazu einige Bemerkungen machen.

Das erste Mal, als der Begriff im Roman auftaucht, ist es eine Art Rechtfertigung, die Henri Sorge seinem Gesprächspartner gegenüber äußert, wenn er davon spricht, dass er als Beamter keineswegs zur „absoluten Loyalität" verpflichtet sei: „Ich bin zu gar nichts verpflichtet. Ich bin vollkommen frei, genau wie jeder andere. Davon abgesehen ist meine Meinung bedeutungslos, eine bloße Allegorie, ich glaube nicht an sie." (S. 21)

Das Verstehen seines Verhaltens wird nach meiner Lesart damit zunächst seinem Gesprächspartner gegenüber außer Kraft gesetzt. Einer Deutung dieses Abschnitts möchte ich hier nicht weiter nachgehen. Aber ohne auf die spezielle weitere Verwendung des Wortes im jeweiligen Textzusammenhang einzugehen,

---

[81] Bossinade. 2000. S. 121.

glaube ich doch, dass diese Hinweise auf die Allegorie nicht zufällig eingestreut sind.

Eine Stelle bei de Man[82] ist mir aufgefallen, wo er schreibt; „Was auf dem Spiel steht, ist die Möglichkeit, die Widersprüche der Lektüre in eine Erzählung einzuschließen, die fähig wäre, sie zu ertragen. Solch eine Erzählung hätte die universelle Bedeutung einer Allegorie des Lesens." Dies wären, wie Bossinade kommentiert, „Texte, welche die Widersprüche der Sprache in ihrer ‚aporetischen', logisch nicht auflösbaren Struktur bestehen lassen;" und sie fragt weiter nach dem, was Literatur ist, wenn „das Verstehen keinen Ausweg aus seinem Entscheidungsdilemma" findet. Literatur ist „eine kunstvoll überformte Sprach-Aporie, deren Modell die unentscheidbar zirkulierende Allegorie ist."[83] Neben der Definition von Gerhard Kurz,[84] dass die Metapher zwei Bedeutungen zu einer verschmilzt, während die „Allegorie sie nebeneinander" hält, halte ich diese Bemerkungen für hilfreich, um mir eine mögliche allegorische Deutung einiger Passagen des Romans *Le Très-Haut* vorzustellen, die ich aber hier nicht weiter verfolgen will und kann. Folgende Untersuchungen bilden zwar kein kohärentes Ganzes, die (zwar unterschiedliche, aber immer vorhandene) Nähe der einzelnen folgenden Abschnitte zum Roman Blanchots sollte aber in jedem Fall erkennbar sein.

3.3.1 Der Ich-Erzähler Henri Sorge

Zunächst möchte ich einen Teil der Besprechung des Romans von Josef Theisen (J. Th.) in Kindlers Neuem Literaturlexikon zitieren,

---

[82] Paul de Man: „Allegorien des Lesens". Frankfurt a. M. 1984. S. 105.
[83] Bossinade. 2000. S. 122.
[84] Kurz, Gerhard: „Metapher, Allegorie, Symbol". Göttingen 1982. S. 36.

worin eine Charakterisierung des Ich-Erzählers Henri Sorge in der Weise vorgenommen wird, dass beschrieben wird, dass dessen zwischenmenschliche Beziehungen „im Zwielicht seiner Persönlichkeitsspaltung (stehen), seiner Krankheit und seines Verfolgungswahns." (KNLG, München 1988. Bd. 3. S. 748)

Mit dieser Beurteilung ist zwar eine psychologisch verständliche und durchaus eingängige, kurze Charakterisierung des Ich-Erzählers vorgegeben, der ich aber aus mindestens zwei Gründen so nicht zustimmen kann.

Einmal wegen der zu offensichtlichen und verkürzten psychisch krankhaften Beurteilung der Person des Ich-Erzählers, die eine Eindeutigkeit fest-stellt und fest-schreibt, die keineswegs der Mehrdeutigkeit entspricht, die im geschriebenen Text erkennbar wird. Um eine Verhaltensweise, die als abweichendes Verhalten und Reden des Erzählers erkennbar wird, beurteilen zu können, müsste ein Verhalten nach der Norm unterstellt werden können, das als Folie dem abweichenden Verhalten oder Reden des Protagonisten unterlegt werden könnte. Dies ist nur an wenigen Stellen der Fall, bei deren Betrachtung man jedoch nicht unbedingt auf ein zwingend psychisch krankes Subjekt schließen muss.

Als Beispiele seien folgende genannt: In der Eingangsszene in der U-Bahn und bei der Polizei verhält sich Henri Sorge insofern auffällig, als er situationsbedingt „unangebracht" (aber nicht verrückt) reagiert, indem er beschwichtigend seinen Angreifer, der ihn niedergeschlagen hat, anspricht, dieser könne seine Tat doch nicht so gemeint haben, da er ja genau so ein Mensch sei wie er selber; oder in einer Szene in der Kneipe, als er die Rede seines Tischnachbarn mit der Feststellung unterbricht: „Ich sah ihn an: Und obwohl ich diese Erklärungen ganz leise geäußert hatte, kamen sie mir unangebracht vor." (18)

Nach meiner Lesart halte ich außerdem eindeutige Beurteilungen der dargestellten zwischenmenschlichen Beziehungen in der Terminologie von psychologischen oder gar psychopathologischen Begriffen und Urteilen über diesen Roman für nicht zulässig, da dem Leser in dem Roman keine eindeutig unterscheidbaren und durch persönliche Merkmale agierende Personen präsentiert werden. Gerade die Unbestimmtheiten und Uneindeutigkeiten der Sprecher der Dialoge, die im Roman geführt werden, machen die wesentliche Besonderheit dieses Romans aus. Eine psychologische oder psychoanalytische Deutung des Romans, in welcher Variante auch immer, würde ich als Leser für „unangebracht" halten, obwohl eine solche Sicht für einen anderen Leser möglich bleibt.

Die Beurteilung, die den Protagonisten als durch eine Persönlichkeitsspaltung gekennzeichnete Person, die an Verfolgungswahn leidet, entbehrt nicht einer gewissen Plausibilität, da die sprachliche Darstellung, die Henri Sorge an manchen Stellen zeigt – es handelt sich ja um einen ausschließlich aus seiner Sicht formuliertes Geschehen – diese Sichtweise nicht ausschließt.

Diese Ambivalenz der Betrachtungsweise scheint mir typisch für das Schreiben und Rezipieren der Bücher Blanchots, und damit auch für diesen Roman, da das désoeuvrement des vom Autor geschriebenen Buches in seiner Metamorphose vom Buch zum Werk durch den Leser (fast) jede Deutung möglich macht, und damit eine (fast) unendliche Deutungsvielfalt hervorruft, wobei Beispiele für die Persönlichkeitsspaltung des Protagonisten Henri Sorge im Roman durchaus anzutreffen sind, die ich aber hier nicht weiter ausführen möchte. (Ich verweise auf Beispiele, die ich Seite 92 zitiere.)

3.3.2 Foucault und das „Denken des Außen" bei Blanchot

Foucault hat Blanchot in seinem 1966 erschienenen Essay *La pensée du dehors* („Das Denken des Außen")[85] dem schreibenden (sprechenden) Subjekt und seinem Verschwinden eine ausführliche Darstellung gewidmet, und er hat dabei seinen Roman *Le Très-Haut* ausdrücklich erwähnt, weshalb seine Ausführungen zu Blanchot an dieser Stelle, wo es um den Roman selbst geht, ihren Platz finden.

Nach Foucault ist das Sujet (das sprechende Subjekt der Literatur und das, wovon es spricht) nicht die Sprache in ihrer Positivität, sondern es findet sich in einem *neutralen Raum*, „wenn es sich in der Nacktheit des ‚ich spreche' äußert."[86] Das „Ich spreche" zerstreut die unbezweifelbare Gewissheit des kartesischen Ich des „Ich denke". Das „Sprechen des Sprechens", also die Selbstbezüglichkeit der Sprache, auch die Sprache als Abschied von dem in ihr Bezeichneten, also in ihrer Referenzlosigkeit, „führt uns über die Literatur … in jenes Außen, in dem das sprechende Subjekt verschwunden ist." (Ebd.)

Die Erfahrung des Außen zeigt sich auch im Akt des Schreibens selbst; diesem droht über die Reflexion die „Gefahr, die Erfahrung des Außen in die Dimension der Innerlichkeit zurückzuführen." (Ebd. S. 676) Eine wichtige Aussage über eine charakteristische Art Blanchots zu schreiben ist die, dass Blanchot die Tendenz habe, nicht nur „vom gerade Gesagten abzurücken, sondern überhaupt von der Möglichkeit, etwas auszudrücken …,

---

[85] Eine Übersetzungsvariante als „Das Denken des Draußen" findet sich in: Foucault: „Schriften zur Literatur." Frankfurt/M. 1979. (Ullstein). S. 130-156
[86] Foucault: Schriften I. 2001. S. 673 ff. Die nachfolgenden Seitenangaben der Zitate Foucaults beziehen sich auf diese Ausgabe.

um frei für einen Anfang zu sein ..., der zugleich aber auch ein Neubeginn ist." (Ebd., S. 677)

Damit ist ein wichtiges Merkmal des Schreibens von Blanchot bezeichnet, das oftmals dem Leser uneindeutig erscheint. Als Leser ist man gezwungen, Deutungsalternativen auszuprobieren und lesend immer wieder zu revidieren, was natürlich die Beurteilung vieler Textpassagen Blanchots fast unmöglich macht, weil sich diese nie definitiv festlegen lassen. Dies versucht in meiner Lesart auch Foucault in folgenden Zitaten zu verdeutlichen. Er schreibt, die Sprache der Fiktion (also die literarische Sprache) sei bei Blanchot

> „nicht Reflexion, sondern Vergessen; nicht Widerspruch, sondern auslöschendes Bezweifeln; nicht Versöhnung, sondern Wiederholung, sondern keine endlich aufscheinende Wahrheit, das endlose Geriesel und die Verlorenheit eines Sprechens, das immer schon begonnen hat." Foucault bemerkt richtig, dass bei Blanchot „das Fiktive weder in den Dingen noch in den Menschen (liegt), sondern *in der unmöglichen Wahrscheinlichkeit dessen, was zwischen ihnen ist.(...) Die Fiktion besteht also nicht darin, das Unsichtbare sichtbar zu machen, sondern zu zeigen, wie unsichtbar die Unsichtbarkeit des Sichtbaren ist.*" (Ebd. S. 677 f. Hervorhebung von A.F.)

Daher kommt die tiefe „Verwandtschaft" mit dem Raum (*L'espace littéraire!*). Der literarische Diskurs ist bei Blanchot sehr stark geprägt durch Häuser, Flüsse, Türen und Zimmer, die durchweg in seinen Erzählungen (récits) und Romanen (so auch in *Le Très-Haut*) nicht zu übersehen sind. Foucault bezeichnet sie treffend als „Orte ohne Ort", die zeigen „wie unsichtbar die Unsichtbarkeit des Sichtbaren ist." Dies macht es für den Leser des Romans, neben der nicht immer eindeutig zuzuordnenden Person, die gerade spricht oder von der die Rede ist, oft schwierig die Räume, in denen die Handlung sich abspielt oder in denen die Personen, die sprechen (oder die Dialoge, die geführt werden) genau auszumachen und zuzuordnen. Foucault versteht es, in seiner Zusammenstellung der Orte, die in den Erzählungen und Romanen (dies gilt auch und gerade für *Le Très-Haut*) geschildert sind, die Beklemmung, die Uneindeutigkeiten und die Bedrohlichkeiten so plastisch zu formulieren, dass ich an dieser Stelle den Text Foucaults ausführlich zitieren möchte. Er schreibt:

> „Es sind Orte ohne Ort, Schwellen, die eine Anziehungskraft ausüben, verschlossene, verbotene und dennoch in alle Richtungen offene Räume; Flure, auf die Türen gehen, die Zimmer für unerträgliche Begegnungen öffnen, die sie durch Abgründe trennen, über die hinweg die Stimmen nicht reichen; die Schreie selbst ersticken; Korridore, die in weitere Korridore führen, aus denen des Nachts bis in den Schlaf hinein die gedämpften Stimmen der Sprechenden zu hören sind, das Husten der Kranken, das Röcheln der Sterbenden, der angehaltene Atem dessen, der das Ende seines Lebens endlos hinauszieht! Ein Raum, dessen Länge die Breite weit übersteigt, eng wie ein Tunnel, in dem Ferne und Nähe – die Nähe des Vergessens, die Ferne der Erwartung – sich einander nähern und endlos voneinander entfernen." (Ebd., S. 678)

Nach Foucault trifft die „Fiktion des unsichtbaren Raums" den Diskurs, der nicht mehr dem Gefälle einer nach Verinnerlichung drängenden Sprache folgt, einen gemeinsamen Nenner für die Romane und Erzählungen sowie die kritischen Schriften Blanchots, so dass die Unterscheidung in diese Kategorien ständig an Bedeutung verlieren, bis zu *L'Attente l'Oublie (Warten Vergessen)*, einer Schrift, von der er meint, dass „nur noch die Sprache selbst spricht – niemandes Sprache, die nicht zur Fiktion und nicht zur Reflexion, nicht zum bereits Gesagten und nicht zum noch nie Gesagten gehört, sondern dazwischenliegt" (Ebd., S. 679), und er ergänzt mit einem Zitat aus diesem Werk: „wie dieser Ort mit seiner starren Hoheit, der Rückhalt der Dinge in ihrer Verborgenheit."[87]

Es ist mir nicht möglich, alle Aspekte, die Foucault zu Blanchots Schreiben aufzeigt, zu berücksichtigen. Trotzdem möchte ich an dieser Stelle noch Erfahrungen, die Foucault mitteilt, erwähnen, die auch im Zusammenhang mit dem Roman bedeutend sind. Es geht um die Figur des „Begleiters", der in einem récit Blanchots bereits im Titel erscheint: *Der Begleiter, der mich nicht begleitete.*[88] Es geht um einen Doppelgänger, etwas Anonymes, welches „das Subjekt seiner einfachen Identität beraubt, es entleert, in zwei gleichartige, aber nicht deckungsgleiche Figuren aufteilt, ihm das Recht nimmt, ganz unmittelbar Ich zu sagen." (Foucault I. .A.a.O. S. 690) Er schreibt weiter davon, dass „eine Sprache ohne angebbares Subjekt aufblitzt, ... ein Personalpronomen ohne Person, ... ein Anderer, der dennoch derselbe ist." (Ebd.) In diesem Zusammenhang erwähnt dann Foucault Henri Sorge, den Protagonisten und Ich-Erzähler von *Le Très-Haut*, dem als Begleiter Dorte zugeordnet ist sei. Er schreibt:

> „Der Begleiter ist auch zugleich unauflösbar ganz nah und ganz fern; in *Le Très-Haut* wird er von Dorte repräsentiert, dem Mann ‚von dort' ; außerhalb des Gesetzes und der staatlichen Ordnung stehend, ist er die Krankheit im Zustand der Wildheit, *die Saat des Todes mitten im Leben*; im Gegensatz zum Titel ist er nicht ganz oben, sondern ganz unten, und dennoch ist er bedrohlich nah, rückhaltlos vertraut, voller Vertraulichkeit und von vielfältiger, unerschöpflicher Präsenz; er ist der ewige Nachbar; sein Husten dringt durch alle Türen und Wände, seine Agonie schallt durch das ganze Haus, und in dieser von Nässe triefenden Welt, in der überall das Wasser steigt, sickern sogar Dortes Fleisch, sein Fieber und

---

[87] In der deutschen Ausgabe lautet diese Stelle in der Übersetzung von Johannes Hübner: „Zwischen ihnen, wie dieser Ort mit seiner starren Hoheit, die Dinge, einbehalten im Erscheinungslosen." (Blanchot. *Warten Vergessen*. 1964. S. 121)
[88] Basel/Weil am Rhein. 2006

sein Schweiß durch die Wand und lassen auf der anderen Seite, in Sorges Zimmer, einen Fleck entstehen. Als er endlich stirbt und in einer letzten Überschreitung brüllt, dass er nicht tot sei, dringt sein Schrei durch die Hand, die ihn erstickt, und schwingt noch endlos zwischen Sorges Fingern; Dortes Fleisch, seine Knochen und sein Körper werden noch lange dieser Tod mit dem Schrei sein, der ihn bestreitet und bestätigt." (Ebd. S. 692. Hervorhebung von A.F.)

Zum Wesen dieses Henri Sorge zugeordneten „hartnäckigen Begleiters" gehört nach Foucault noch, dass er „kein bevorzugter Gesprächspartner (ist), kein anderes sprechendes Subjekt, sondern jene namenlose Grenze, an welche die Sprache stößt." (Ebd.)[89]

---

[89] Kleine Ausschnitte aus dem Romanteil, auf den sich Foucault in seinem Zitat bezieht, sollen zeigen, wie Blanchot die „Beziehung" Henri Sorges zu Dorte und dessen Tod beschreibt, und auch einen Eindruck über das Schreiben Blanchots in diesem Romans vermitteln: „Zeit des Mittagsschlafs. ... Alles schlief. Und doch gab es unter uns keinen, der nicht eine Art dumpfes Grollen hörte, der nicht trotz Licht und Hitze den Eindruck hatte, dass etwas sickerte, sich im Dunkeln ein Tropfen bildete und tastend ausdehnte, ins Licht, ins glorreiche Licht, auf der Suche nach dem einen Riss, durch den er fallen und sich in einen echten, unauslöschlichen Fleck verwandeln könnte. Dorte ... hob den Kopf und sah mich an. Ich kam näher, doch er sah mich weiterhin dort an, wo ich zuvor gesessen hatte, auf der Kiste ... , dann sah er mich in weiterer Entfernung, hinter der Wand, in meinem Zimmer, auf dem Bett, den Blick auf den Fleck an der Wand geheftet. ... Langsam drehte er sich auf die Seite ... und während er diese Bewegung ausführte, begann der Boden sich zu bewegen. ... Als der Lärm der Explosion einsetzte, sich knackende Risse unter unseren Füßen ausbreiteten und das Geräusch des Zusammensturzes ein schwarzes Loch um uns grub, sahen meine Augen ... jenen dicken feuchten Fleck, der von seinem Schweiß und von seinem tagelangen wütenden Pressen durch den Stein und den Putz auf meine Seite der Wand gedrückt worden war. Ich sah den Fleck, wie ich ihn nie zuvor gesehen hatte, ganz ohne Umrisse trat er wie sickernde Körpersäfte aus den Eingeweiden der Wände hervor und glich weder einem Gegenstand, noch dem Schatten eines Gegenstands, er floss und breitete sich aus, ohne einen Kopf, noch eine Hand, noch irgendeinen anderen Gegenstand zu bilden, er war nichts weiter als ein dickflüssiges, unsichtbares Rinnen. Und sicher sah auch er ihn, genau wie ich ihn sah. Und sicher hörte auch er den Sturm der Explosion. Plötzlich fuhr er herum und setzte sich auf, den Blick auf mich gerichtet; dann sprang er mit einem

Dieses ausführliche Zitat Foucaults zum Roman Blanchots ist wegen der Beschreibung, die er vom Sterben Dortes, dem Begleiter Sorges, und von der Unausweichlichkeit der „Überschreitung" des Todes in Richtung Sorges handelt und von dem „Zwischen", das die Personen (nicht Subjekte!) des Romans verbindet und gleichzeitig trennt, einen aufschlussreichen Eindruck gibt. Ähnliche (Nicht)Beziehungen werde ich noch im letzten Abschnitt dieses Kapitels aufgreifen, nämlich um die zwischen Henri Sorge und Marie und zwischen Sorge und der Krankenschwester Jeanne, die er gelegentlich nicht von seiner Schwester Louise zu unterscheiden vermag.

3.3.3 *Blanchot und Beckett.*

Stellenweise kommen mir die Untersuchungen zu den Romanen Becketts, die Blanchot im *Gesang der Sirenen* vornimmt, wie Selbstbeschreibungen Blanchots zu seinem eigenen Roman *Le Très-Haut*, zu seiner eigenen Art, wie er z.B. dort schreibt, vor. Dies mag wie eine verwegene Behauptung sich anhören; trotzdem möchte ich im Folgenden versuchen, meine Ansicht darzulegen und ein wenig zu „begründen", obwohl ich dies eher als einen Versuch der Annäherung an Blanchots Roman verstehe. Über Becketts Molloy äußert er sich folgendermaßen: Er, derjenige, der schreibt, Beckett und/oder Molloy, „kämpft, manchmal im Verborgenen und gleichsam aus einem Geheimnis heraus, das er

---

mächtigen Satz auf die Füße und stieß dabei einen spitzen Schrei aus, der dem einer Frau glich: ‚Ich bin nicht tot, ich bin nicht tot', und selbst als ich ihm meine Hand auf den Mund legte und fest zudrückte, um ihn zu ersticken, hörten meine Finger immer noch diesen Schrei: Und nichts konnte ihn zum Verstummen bringen." (S. 286 f.)

vor uns, das er auch vor sich selber versteckt hält." (S. 286)[90] Er schiebe „zwischen sich und die Aussage Masken und Figuren" ein.

> Das Buch „*Molloy*[91] ... ist ein Buch, in dem der Ausdrucksgehalt noch versucht, die beruhigende Form einer Geschichte anzunehmen, und gewiß ist das keine glückliche Geschichte, nicht nur durch das, was sie aussagt und was unendlich kläglich ist, sondern auch deshalb, weil sie nicht fertigbringt, es zu sagen." (Ebd.) Und später heißt es: „ Der Protagonist (Molloy /Henri Sorge.A.F.) bleibt eine identifizierbare Gestalt, ein zuverlässiger Name, der uns vor einer wirren Drohung bewahrt, dennoch findet in der Geschichte eine beunruhigende Zersetzung statt." (Ebd., S. 287)

Ergänzendes, was auch über *Le Très-Haut* gesagt werden könnte, findet sich in der anschließenden Auseinandersetzung mit Becketts *Malone stirbt*. Dieser Roman, so Blanchot, biete nicht mehr die Auskunftsmittel der Stadt mit ihren hundert Straßen:

> „Das Zimmer ist da und sonst nichts. (...) Malone und Molloy, ein Name und eine Gestalt, und auch hier *reihen sich die Geschichten aneinander, aber diese Geschichten ruhen nicht mehr in sich selber, keine Rede davon, daß sie erzählt werden*, damit der Leser an sie glaubt; vielmehr *werden sie im selben Augenblick ihrer rein fiktiven Kunstfertigkeit überführt*. (...) Wozu diese müßigen Geschichten? Um *die Leere* auszufüllen, in die Malone sich stürzen fühlt; *aus Angst vor jener leeren Zeit, die sich in die unendliche Zeit des Todes hinüberwandelt*; um diese leere Zeit nicht lautwerden zu lassen; und zwar ist das einzige Mittel, sie zum Schweigen zu bringen, daß man um jeden Preis etwas sagt, das heißt, eine Geschichte erzählt. Insofern *ist das Buch nur noch ein offen zugegebenes Täuschungsmanöver.*" (Ebd. S. 287; Hervorhebungen von A.F.)

---

[90] Vgl. auch im *Literarischen Raum* die Stelle, an der Blanchot über den Malte-Roman schreibt: „Dieses Buch ist mysteriös, weil es sich um ein verborgenes Zentrum dreht, dem der Autor sich nicht hat nähern können." (A.a.O. S. 132)

[91] Ich würde hier nicht zögern, statt des Romantitels von Beckett hier *Le Très-Haut* einzusetzen.

An dieser Stelle möchte ich die Aufmerksamkeit auf das Motto des Romans *Le Très-Haut* lenken, das mit dem letzten Satz des obigen Zitats charakterisiert werden könnte (*„Ich bin eine Falle für Sie. Selbst wenn ich Ihnen alles sagte, würde ich Sie bei aller Aufrichtigkeit nur täuschen: Es ist meine Ehrlichkeit, die Sie hinters Licht führt." „Begreifen Sie doch: Alles, was von mir kommt, ist für Sie nichts als Lüge, denn ich bin die Wahrheit."*). In *Le Très-Haut* werden meist abgebrochene Geschichten angefangen und als „blinde Motive" (nicht) „erzählt", z. B. S. 46, wo von einem Diebstahl in der Straßenbahn berichtet wird und die Polizei eingreift. Solche Einschübe (auf der nächsten Seite des Romans ist selbst von „Parenthesen" die Rede) kommen häufig vor. *Letztlich kann auch die (eingeschobene) Orest-Geschichte als eine solche Parenthese angesehen werden.* Das Verhalten des Mannes, der in der Straßenbahn (angeblich) gestohlen hat, und der verhaftet wird, kommentiert (!) Sorge so, dass „der Staat dieses Exempel braucht und gelegentlich eine Parenthese einschieben muss, durch die die Geschichte und die Vergangenheit hereinbrechen können" (S. 47) Diese Anmerkungen zu Blanchots Schreiben über Beckett möchte ich als Argument zur Verstärkung meiner oben (S. 15 f.) formulierten „These" nehmen, dass seine Literaturkritiken auch eine poetologische Aussage über sein eigenes Werk sind.

3.3.4 Le Très-Haut und die Bedrohlichkeit des Sterbens und des Todes

Im Roman *Le Très-Haut* wird das Wort „Tod" kaum verwendet, was erstaunlich ist, wenn man weiß, dass Blanchot in seinen Schriften immer das Schreiben und das Schreiben vom Tod zu seinem vorherrschenden Thema gemacht hat. Im Roman selbst ist aber von der Angst vor der sich ausbreitenden Epidemie, vor der Ansteckung mit der sich ausbreitenden Krankheit die Rede. Die Auswirkungen der Krankheit werden in einzelnen Fällen vom –

ebenfalls von der Krankheit betroffenen Ich-Erzähler – drastisch geschildert. Man könnte es mit den Worten Blanchots selbst so sagen, dass er vielleicht „eine Annäherung an den Tod" versucht, „vollbracht unter dem Deckmantel des Schreibens", wie er es in *Der Literarische Raum* umschreibt.[92] Dies sind Überlegungen, die Blanchot bezüglich des Schreibens Kafkas über den Tod anstellt (z.B. in seinen Erzählungen „Die Verwandlung" oder in „Das Urteil"), wo Kafka „nicht an eine realistische Beschreibung von Todesszenen denkt", so dass man sagen könnte, dass Kafkas Helden „nicht nur wenn sie sterben, sondern anscheinend wenn sie leben ihre Vorhaben im Raum des Todes vollbringen, sie gehören der undefinierten Zeit des ‚Sterbens' an. Sie werden der Prüfung dieser Fremdheit ausgesetzt." (Ebd. S. 90)

In diesem Sinne wird auch im Roman Blanchots ein „Raum des Todes" beschrieben, wo auch keine oder kaum erkennbare „realistischen Beschreibungen von Todesszenen" vorkommen.

Beim wiederholten Lesen des Romans hatte ich den Eindruck, dass es dem Autor Blanchot in keinem Fall um eine besondere Variante der Beschreibung einer Realität ging, die dem, was beschrieben wird, vorausgeht, sondern das Schreiben selbst ist das Ereignis, es handelt sich „um *eine Sprache, die sich ... an die Schatten der Ereignisse wendet, nicht an die Wirklichkeit*", wie er selbst in *Die wesentliche Einsamkeit* schreibt.[93] (Hervorhebung von A.F.)

Das Fehlen von Erklärungen eines auktorialen Erzählers, der die fragmentierten Wahrnehmungen des Ich-Erzählers einordnet, macht es dem Leser oft schwer, seine sprachlichen Ausführungen im vage wahrgenommenen Handlungsschema unterzubringen, denn der Leser lernt die Figuren des Romans ja nur durch die Sichtweise des Ich-Erzählers Henri Sorge kennen, oder – wie es

---

[92] Blanchot. 2012. S. 89.
[93] Blanchot. 2010. S. 109.

die Übersetzerin des Romans auch schreibt, dass „durch dessen Augen allein die anderen Figuren für den Leser entstehen."[94]

Im Folgenden möchte ich, im Rahmen der Fragestellung der vorliegenden Arbeit, einigen Aspekten des Romans mich anzunähern versuchen, die mir besonders aufgefallen sind.

1. Versuch einer Beschreibung der Rahmenbedingungen und der Verortung der Ereignisse des Romans Le Très-Haut

Zur Zeit der Publikation von *Le Très-Haut* erscheinen auch die Romane *La Peste* von Camus und *1984* von Orwell. 1988 verfasst Blanchot einen *Klappentext* zu einer Neuausgabe seines Romans, in dem es u.a. heißt:

„*Dans une société parfaite, où la peste se déclaire, de telle sorte que les pestiférés deviennent les seules rebelles, où le Sida met en péril la loi suprême, le Très-Haut, par delà toute divinité, n'est plus qu'un malade qui meurt sans mourir....* "[95]

Dass Blanchot in dieser späten Äußerung zu seinem Roman von Aids (Sida) als moderner Ausprägung einer Seuche, die die frühere Pest abgelöst hat, spricht, ist nicht weiter verwunderlich, kommt es ihm doch eher darauf an, dass es durch die sich aus-

---

[94] Aus dem Nachwort von Mälzer-Semlinger. S. 388. Diese subjektive Sicht auf die Welt und die Personen zeigt sich auch beim Ich-Erzähler Malte in Rilkes Roman.

[95] Die Auszüge aus dem Klappentext, den Blanchot für die Neuausgabe seines Romans im Jahre 1988 verfasst hat, sind zitiert in: Timo Obergöker. 2006. A.a.O. S. 126. Mit dem so gar nicht göttlichen „Allerhöchsten" ist sicher eine Anspielung auf den Protagonisten Henri Sorge verbunden, da er ja „nur ein Kranker ist, der stirbt ohne zu sterben." Zur Deutung wäre meines Erachtens auch die Auseinandersetzung Blanchots mit Hölderlin zu berücksichtigen, worauf ich aber im Rahmen dieser Arbeit nicht eingehen kann. Ich verweise hier auf die Anmerkungen der Übersetzerin des Romans im Nachwort S. 406 f.

breitende Seuche zwar Bereiche gibt, die sich dem Allmachtsanspruch des Staates entziehen, dass dem Staat aber durch die Epidemie auch die Möglichkeit gegeben ist, gegen widerständige Menschen mit Brutalität vorzugehen oder ihre Aktivitäten durch Umfunktionierung zu neutralisieren. Dass der Roman in einem totalitären Staat spielt, zeigt sich an einigen Elementen, wie Demonstrationszügen an Feiertagen, Militärfahrzeugen u. ä. Der totalitäre Staat, der von Blanchot vorgeführt wird, scheint alles aufzusaugen, er scheint omnipräsent. Timo Obergöker schreibt in einem Beitrag:

> „Le Très-Haut entwirft ein Staatsgebilde, welches auch dem Leser keine Rückzugsmöglichkeit lässt, es nimmt eine beängstigende, allgegenwärtige Gestalt an. Blanchots Darstellung besteht genau in dieser Darstellung des Staates als unausweichlich. Er lässt keine Freiräume und bietet keine Auswege. ..."[96]

Dass dem Leser keine Rückzugsmöglichkeit gegeben ist, wenn er sich auf den Text einlässt, zeigt sich auch daran, dass er im Ungewissen darüber bleibt, welches Ereignis zufällig eingetroffen ist und welches vielleicht ein Kalkül des Staates ist. Dies gilt auch für die ausgebrochene Seuche, für die zunehmende Zahl der Hausbrände, für das Brennen ganzer Stadtviertel, die als Hort des Widerstands und als Krankheitsherde gelten. Henri Sorge wird als loyaler Staatsbeamter dargestellt, der von seinem Nachbarn Bouxx angesprochen wird, der für den Widerstand arbeitet, und der versucht, ihn für den Widerstand zu gewinnen.

Ich habe nicht die Absicht, diese zum Teil doch fast realistisch geschilderten und nachvollziehbaren Geschehnisse auszuführen, da sie nach meiner Lesart nur einen in dieser Form bei Blanchot

---

[96] Obergöker. A.a.O. Ebd.

einmaligen Rahmen und Hintergrund bilden, der auch in seinem übrigen literarischen Werk meines Wissens nicht vorkommt. Mit Bident habe ich den Eindruck: „Le Très-Haut est son roman le plus ouvertement politique, réaliste et familial".[97]

Meine Aufmerksamkeit gilt eher den Ereignissen, die diesen scheinbar realistischen Hintergrund aufbrechen. Um dieses Aufbrechen des Realismus, der keiner ist, zu zeigen, muss ich mich auf einige ausgewählte Beispiele beschränken, die die Problematik „Literatur und Tod" in diesem Roman für mich deutlich machen. Dazu möchte ich einen Abschnitt aus dem Nachwort von Nathalie Mälzer-Semlinger zitieren, der – ausgehend von einer kurzen Angabe des Inhalts des Romans – die inhaltliche Problematik *des* Zerfalls der vom Ich-Erzähler wahrgenommenen *Umwelt und der Personen*, die sich in einem zunehmenden *Verfall der Sprache* spiegelt, aufzeigt. Sie schreibt, Henri Sorge,

> „treuer Staatsbeamter in einem totalitären Staat, erkrankt an einem mysteriösen Leiden und quittiert seinen Dienst. Er lernt eine kleine Gruppe von Aufständischen kennen, die den Staat bekämpfen, versucht allerdings, sie von der Nutzlosigkeit ihres Tuns zu überzeugen. Sorges anfängliche Begeisterung für das Gesetz und den Staat wandelt sich allerdings in Skepsis, *er beginnt sich dem Schreiben zu widmen, wird dabei immer häufiger von Wahnsinnsanfällen geplagt, die die Welt um ihn herum aufzulösen scheinen.* Das Desaster, der *Zusammenbruch*, dem er beiwohnt, findet dabei sowohl *in der fiktiven Welt als auch auf sprachlicher Ebene* statt." (S. 385. Hervorhebungen von A.F.)

2. *Sprache, „Sprach-Verrückung" und Sprach-Auflösung des Romans*

Die Sprache, die Blanchot in seinem Roman schreibt, ist auch als eine Sprache des Außen an einem eigenen literarischen Ort situ-

---

[97] Bident. Maurice Blanchot. 2008. S 259.

ierbar und erfüllt das Kriterium eines eigenständigen „Seins der Sprache", welches Blanchot für das literarische Schreiben reklamiert. Dies gilt vor allem für seine *récits*, ist aber – wie ich dies bereits versucht habe zu verdeutlichen – in wichtigen Aspekten auch für seine Romane, also auch für *Le Très-Haut* zutreffend. Das Auseinanderfallen der vom Ich-Erzähler wahrgenommenen Umwelt zeigt sich für mich als Leser besonders in der Beschreibung, die Henri Sorge von ihr gibt, wobei an einigen Beispielen deutlich wird, dass die Sprache eine Auflösungserscheinung zeigt, die im Sinne Blanchots eine referenzlose Selbständigkeit aufweist, ohne diese auch tatsächlich zu haben. Die Übersetzerin des Romans bezeichnet diese „Sprach-Verrückung" so, dass „nicht nur die Sprechweise der Figur Henri Sorge verrückt ist, sondern auch der Erzähltext zunehmend zur ‚langage fou' wird." (S. 397) Dies zeige sich besonders deutlich an den sich allmählich verändernden Beschreibungen von Räumen und Handlungen. *Die Sprache*, die die Aufzeichnungen Henri Sorges zunehmend gegen Ende des Romans, der ja auch gleichzeitig einen Neuanfang bedeuten kann (wie bereits oben angedeutet), *„ihr Verschwinden inszeniert"* (S. 406. Hervorhebung von A.F.), wie es die Übersetzerin ausdrückt, so dass die einzelnen Sätze oder Wörter für den Leser oft schwer deutbar und einem eindeutigen, zumindest einigermaßen plausiblem Referenten zuzuordnen sind. Um dies an einem Beispiel zu verdeutlichen, möchte ich eine Stelle auswählen, auf die die Übersetzerin des Romans selbst hinweist. Es geht um die Personifizierung des Geruchs, von dem gesprochen wird als „dunkler Geschmack" eines Geruchs (S. 254), wobei sie von regelmäßigen Metaphorisierungen der Gerüche spricht, die meist mit Tod und Fäulnis assoziiert werden. Es ist z.B. von „ekelerregenden Gruchslarven" (S. 267) die Rede. Sie schreibt, dass „die Sprache zunehmend die Fähigkeit verliert, als Instrument der Deutung der Welt zu taugen." (S. 400) In *Le Très-Haut* ist die Rede von einer Realität, die „in diese Geschichte eingesperrt wurde wie in ein Gefängnis." (S. 333) Damit zeigt Blanchot für mich, dass das fiktionale Schreiben, das literarische Schreiben, ein abruptes Zerreißen des von Saussure noch behaupteten bestehenden Zusammenhangs zwischen der Sache oder dem Sachverhalt (dem Signifikat) und der sprachlichen Bezeichnung (dem Signifikanten) anzeigt. Eine Annäherung an den Roman *Le Très-Haut* in Bezug auf das Thema Literatur und Tod ist die von Hegel abgeleitete Behauptung, dass durch das Benennen das Benannte „verschwindet". Hegel selbst spricht vom Tod und davon, dass Adam durch die Namengebung die Benannten „als Seiende vernichtete".[98]

Ergänzen möchte ich an dieser Stelle nur die Ausführungen Blanchots zur Literatur, zur literarischen Sprache, die Gelhard mit ihren philosophischen Bezügen zu Hegel und Heidegger ausführlich diskutiert, und die ich hier nur sehr verkürzt wiedergeben kann.[99]

Blanchot selbst schreibt (in: „Kafka und die Literatur"): „Die Grausamkeit der *Sprache* besteht darin, unausgesetzt ihren eigenen Tod zu beschwören, *ohne jemals sterben zu können*."[100] (Hervorhebungen A.F.) Gelhard erläutert:

---

[98] Zitiert nach Gelhard. 2005. S. 83. Vgl. auch meine Ausführungen in Kapitel 2.
[99] Eine ausführliche Darstellung dazu gibt Gelhard in seiner Dissertation, worauf ich hier nur hinweisen kann, da die philosophischen Bezüge des Denkens von Blanchot über die Sprache und über seine Rezeption Heideggers den Rahmen meiner Arbeit sprengen würden, (Vgl. Gelhard. 2005. Vor allem S. 63ff)
[100] Ich übernehme hier die Übersetzung Gelhards in seiner Dissertation.

> „Die in der literarischen Rede vollzogene Suspendierung ihres Gegenstandes erscheint als ein Akt purifikatorischer Zerstörung, der zwar die *Gegenstände der Rede vernichten kann, nicht aber deren Gegenstandbezug,* deren Ausrichtung auf ein zu-Nennendes. Der Versuch, sich vom Sinn zu befreien ... erweist sich als eine vergebliche, verrückte Anstrengung. ... Blanchot zufolge manifestiert sich in der unausgesetzten Anstrengung, dem Sinn zu entkommen, die strikte Unmöglichkeit zu entkommen. Die Sprache kann nicht von jeglicher Referenz („Sinn") befreit werden, d.h. *„die literarische Rede* mag diese Abstraktion ins Extrem treiben, sie mag sich in gleitende Metaphernfolgen desartikulieren ...: sie *wird immer verweisen* und sei es ins Leere."[101]

Den Wörtern bleibt, selbst nach ihrem sich Lösen von realen Bezügen, immer noch das „leere Vermögen" zu bedeuten, sonst wäre ja so ein Vorgang der „Metamorphose" vom *Buch* zum *Werk* durch einen Leser meines Erachtens nicht denkbar. Blanchot verdeutlicht dies durch den Hinweis, dass die Sprache sich ihres „Objekts" entledigen kann, aber, wie Gelhard bemerkt, „sie bleibt doch unausweichlich ‚Beziehung auf –'. Blanchots optische Metapher für dieses leere Verweisen lautet *l'aveugle vigilance.*"(Ebd. S. 140). Dass damit Irrtümer, Unverständlichkeiten, Missverständnisse, Verrücktheiten und auch letztlich Kommunikationsunfähigkeiten verbunden sein können ist nicht auszuschließen. Durch dieses *leere Verweisen* scheint der fiktionalen Sprache keine Grenze gesetzt, auch nicht der missverständlichen Deutung eines beliebigen Lesers (wenn dies aus der Sicht der Intention des Autors betrachtet wird, die nach Blanchot durch sein Konzept des désoeuvrements nahezu bedeutungslos ist). Dies erinnert mich an einen Zusammenhang, den Foucault mehrfach deutlich macht, z.B. auch in dem Aufsatz: „Der Wahnsinn, Abwesenheit eines

---

[101] Gelhard. 2005. S. 137 f. Hervorhebungen von A.F.

Werkes", der 1964 (ohne direkte Bezugnahme auf Blanchot) erschienen ist. Er schreibt darin, dass seit Roussel und Artaud

> „die Sprache der Literatur sich weder durch das definiert, was sie sagt, noch durch die Strukturen, die sie mit Bedeutung versehen. sondern dass sie ein Sein hat und dass man sie auf dieses Sein hin befragen muss. ... Wir staunen heute darüber, dass wir zwei Sprachen miteinander kommunizieren sehen (die des Wahnsinns und die der Literatur)." (Foucault. Bd. 1. A.a.O. S. 549 f.)

Diese Abschweifung zu Foucault verdeutlicht für mich die oben angesprochene „Sprach-Verrückung"; ich kann dies aber hier nicht weiter ausführen.

3 Die „Beziehungen" Henri Sorges zu Anderen

Um einen Bezug zum Roman herzustellen, wo der physische Tod, angesichts der grassierenden Seuche im Staat, als anonymer Tod dargestellt wird, der eine Folge der Pest (wie die Ursache der Seuche an manchen Stellen genannt wird) oder der Gewalt ist, möchte ich an folgendes Zitat aus Gelhards Buch anknüpfen:

> „Um einen Tod in der Sprache denkbar zu machen, der nicht als physischer Tod zu verstehen ist, *räumt Blanchot ausdrücklich die Möglichkeit ein, daß auch lebende Menschen sich – leichenhaft – ähneln.*"[102]

Diese im Roman auffällige „Leichenhaftgkeit" der Personen – vor allem gegen Ende des Romans – ist unübersehbar. Da Henri Sorge, der Ich-Erzähler, seine radikale Sicht der Außenwelt und der Beziehungen, in denen er steht, z.B. zur Krankenschwester Jeanne (seiner Geliebten? seiner Schwester Louise, die er in der Krankenschwester zu sehen glaubt?), als einzige Sicht vor dem Leser (wo-

---

[102] Gelhard. 2005. S. 146. Hervorhebung von A.F.

bei völlig unklar ist, ob er dies weiß, dass er Leser hat) ausbreitet, da dieser Henri Sorge sich selbst nicht sicher zu sein scheint, dass die Ereignisse, die er beschreibt, sich so ereignet haben, wie er sie beschreibt, oder doch nur (Fieber) Phantasien sind, denen er wegen seiner Krankheit ausgesetzt ist, oder nur „Schatten der Ereignisse", wie es Blanchot oben formuliert hat; dies wird dem Leser zunehmend unklarer, wenn er sich abwechselnd auf unterschiedliche Perspektiven des Gelesenen einlässt, das sich einem plausiblem „Verstehen" des Geschehens immer wieder entzieht. Dies betrifft vor allem die Beziehungen Henri Sorges zu anderen Personen, sein Verhalten zu dem Anderen als Anderem, z. B. zu den Frauen. Bident formuliert es folgendermaßen:

> „Les relations du narrateur, Henri Sorge, vingt-quatre ans, à sa mère et à sa soeur Louise semblent dicter son comportement avec les femmes: Marie, da photographe, et Jeanne, l'infirmière,"[103]

Ich werde mich vor allem der Beziehung Henri Sorges zu seiner Nachbarin, der Photographin Marie, zuwenden und der zur Krankenschwester Jeanne, wobei in diesem Fall nicht immer klar ist, ob er sie nicht öfter mit seiner Schwester verwechselt, wie er Seite 354 des Romans schreibt: „... und in dem Moment stieß es mir auf: sie ähnelte meiner Schwester"; oder wenn er auf S. 114 bemerkt: „Selbst wenn ich Louise ansah und mich zwang zu glauben, es sei gar nicht sie, sondern beispielsweise eine Krankenschwester, konnte ich doch nicht vergessen, wie gering dieser Unterschied war: für mich *war* sie eine Krankenschwester"

Diese Beziehungen (aber auch die Personen, die die Beziehungen bilden) zeigen doch eine (zunehmende) Auflösung, sie werden zu Nicht-Beziehungen, und die Personen selbst verlieren ihre

---

[103] Bident. 2008. S. 259.

Identität, was auch eine Form der „Ent-Ichung" darstellt, zumal sie ja aus der Sicht Henri Sorges wahrgenommen und von ihm beschrieben werden, dessen gestörte Außenwahrnehmungen und Selbstwahrnehmungen dem Leser immer deutlicher werden, z.B. in seinem mehrfach von ihm selbst beschriebenen Verfolgungswahn. Um dafür ein Beispiel zu geben:

> „Bei jedem Fußgänger, der mir entgegen kam, beschlich mich das Gefühl, all meine Geheimnisse würden ihm offenbart, all seine wären mir bekannt: Seine Geheimnisse, also, dass er ging, dass er beim Gehen Gedanken hatte und dass nichts Seltsames an ihm mich überraschen konnte. Ich begann zu rennen. ..., jeder konnte mich sehen ..., und das, obwohl ich rannte, und im Übrigen rannte ich gar nicht..." (sic!) Dann folgt noch der Satz, dass der „Landschaft etwas Bedrohliches an(haftete). Sie verlangte etwas von mir, nur was?" (S. 56)

Im Zusammenhang mit meinem Thema ist auffällig, dass die Sprache Blanchots in diesem Roman eine fast durchgängige Bedrohlichkeit ausdrückt, die sich in der vermeintlichen oder tatsächlichen Ausbreitung der Seuche und der Wirkung der Katastrophennachrichten (Brände, Verhaftungen, Zwangsimpfungen, berichtete Todesfälle, etc.) auf die Bevölkerung zeigt. Die Bedrohlichkeit kommt auch in *den Dialogen*, die der Protagonist Henri Sorge mit anderen führt, zum Ausdruck, *denen eine Starrheit und Nichtlebendigkeit anhaftet,* die auch häufig in unverständlichen und aggressiven Ausbrüchen enden.

Der Eindruck *der Nichtlebendigkeit der Beziehungen des Protagonisten,* aus dessen Blickpunkt der gesamte Roman als Ich-Roman erzählt wird, wird verstärkt durch Furcht oder Angst, die sich latent immer wieder an den unterschiedlichen Reaktionen der Beteiligten zeigt und auf den Leser überträgt. Da die Wahrnehmungen, die Henri Sorge durch sein Schreiben mitteilt, oft nur sehr bruchstückhaft und unverständlich und zusammenhanglos wirken, verstärkt sich auch der Eindruck, dass die Stadt und der Staat, in dem er lebt und handelt (eigentlich kann man von einem kohärenten Erzählen und Handeln nicht sprechen) und *dass die Personen, mit denen er zusammentrifft, wie er selbst auch, sich in einer Auflösung befinden, oder gar nicht wirklich sind.* Die geschilderten Aufzeichnungen (eigentlich kann man auch nicht von einer Schilderung sprechen, die geprägt ist von mimetischen Beobachtungen, es sind eher Beobachtungsbruchstücke, die fragmentarisch einen Teil der Wirklichkeiten aufzeigen) verbreiten *ein Gefühl von Unwirklichkeit, von Angst, die den Eindruck hinterlassen, dass es sich nicht um lebendige Menschen handelt, die in einer lebendigen Stadt agieren.* Es geht immer wieder um Berichte von Unglücken, von neu eingerichteten Krankenhäusern von Sterbenden, von Toten.

Die *Beziehung Henri Sorges zur* Nachbarin, der *Photographin Marie*, ist – Trotz der Versuche der Annäherung – geprägt von unüberwindbarer *Fremdheit*. Seine Schilderung der Wiederbegegnung mit ihr, die er zu Beginn des fünften Kapitels beschreibt, macht dies deutlich. Zu Beginn erkennt er ihre „Stimme aus dem Nebel" nicht wieder, „jene körperlose Stimme, die körperlich war." (S. 140) Nach dem Versuch einer Annäherung, den sie heftig abwehrt mit den Worten: „Was soll das? Sind Sie verrückt geworden? Lassen Sie mich los!" (S. 142) und mit einer Entschuldigung seinerseits vorläufig beendet wird, und nach einem kurzen Gespräch über die Epidemie und seine Familie, versucht er erneut eine Annäherung. Er schreibt, wie seine Hand den Stoff ihres Kleides berührte

> „und meine Haut verwandelte sich in etwas ebenso Dichtes und Schweres wie der Stoff. ... Da packte ich sie, schüttelte sie, getrieben von dem Wunsch zu sehen, *wie sie sich erneut von sich ablöste, sich von mir trennte, zu*

etwas anderem, von mir Unterscheidbarem wurde. Sie stürzte. Am Boden begann sie zu toben, wurde toll. ... Unbeteiligt hatte ich teil an ihrem Zorn, war ihr tränenloses Schluchzen, ihre Verkrampfung, ich schluckte und trank bis zum Erbrechen *diesen falschen Selbsthass, diese trügerische Fremdheit, die sich um eine provozierende Intimität bemühte.* Plötzlich verzerrte sich ihr Gesicht vor Angst, sie riss die Augen auf. Was hielt ich in den Armen? Ein anderes Wesen, ein anderes Leben, einen Abschied vom Nichts? Es war noch immer dieselbe gläserne Erscheinung, nichts war verändert." (S. 146 f. Hervorhebungen von A.F.)

Mit diesem Zitat will ich nur *ein* Beispiel geben für die Entfremdung, die in dieser Beziehung liegt, für die Fremdheit, die eigentliche Beziehungslosigkeit, die in der *Beziehung zur Krankenschwester Jeanne* ein Pendant findet. Auf diese wartend heißt es S. 295:

„Ich wollte spüren, warum ich mit der ganzen Welt zusammen war, wenn ich allein war, und warum ich es mit einem einzelnen Menschen zu tun hatte, wenn ich ihr gegenübersaß."
Ihr das Kleid vom Leib reißend, spricht er von einem „barbarischen Kampf" zwischen ihnen bis sie zuließ, „dass ich ihren trockenen, harten Körper berührte; seine Kälte hatte nicht einmal die Passivität eines Schlafs und zeugte weniger von Duldsamkeit denn von einer ergebenen und verächtlichen Klarsicht." (S. 296)
Später schreibt er: „... wusste ich, dass meine Beziehung zu ihr sich wandelte. Sie wurde immer kälter, doch diese Kälte war wie das Zeichen von etwas Uneingestehbarem. Gelegentlich widerte ich sie an, aber ihr Abscheu war unersättlich. Gewiss, sie war kalt – aber auch in mir, in dem um mich gezogenen Kreis, kündigte sich eine kalte Verzweiflung an, ein kalter Hass, eine kalte und verschlossene Wildheit. ... ich war mit etwas Passivem und Anonymem konfrontiert, schließlich stand ich vor nichts, war selbst leer und bar aller Dinge, so dass ich nicht mehr wusste, ob sie da war, und spürte, dass sich in ihr eine andere als die jetzt anwesende verbarg, eines jener unerbittlichen Wesen, die zwar eine erkennbare Gestalt annehmen, mit der jedoch das Du und das Ich sich in einem stets illusorischen Dialog befinden und auflösen." (S. 329 f.)

Die sich langsam auflösende Beziehung zwischen den beiden wird im letzten Teil des Romans drastisch geschildert. Ein Beispiel für die gleichzeitige Nähe und Ferne kommt in folgenden Worten zum Ausdruck, mit denen sie sich an ihn wendet:

> „Sobald ich näher komme, entfernen Sie sich. Wenn ich mich entferne, merken Sie es nicht einmal. Sie sehen mich nie an, Sie hören mich nicht. Sie schenken mir weniger Beachtung als einem Putzlappen." (S. 347)

Im weiteren Verlauf des Geschehens schreibt er

> „von dieser *entfesselten Sprache*" (sic!) und davon, „wie die widerwärtige, schwarze Flut aus ihr heraus(schwappte) und überschwemmte mich. Ihre Haare bedeckten mich, ihr Körper floss über meinen. *Ich vermochte nicht zu sagen, ob sich alles in Worten abspielte* oder ob sie mich wirklich mit ihrem Speichel, ihren feuchten Gliedern in eine Ecke des Zimmers und auf die Straße zerrte, an jene für immer vollgesogenen und überfluteten Orte. Mein Mund zerfloss. Ich spürte, wie sie sich an mir festsog, mit fremder Haut, einer toten Haut, die sich verflüssigte." (S. 348 f).

Die von mir hervorgehobenen Stellen des Zitats bestärken erneut die Vermutung, dass dem geschilderten Geschehen kein reales Ereignis zugrunde liegt, sondern dass „die Narration ... das Ereignis (*ist*), von dem erzählt wird", wie es Daniel Bengsch über Blanchots récit *Jener, der mich nicht begleitete* schreibt,[104] und wie es nach meiner Lesart auch für diesen Roman bereits gilt, vielleicht für das gesamte fiktive Schreiben Blanchots. Die Tötung Henri Sorges durch Jeanne und seine letzten Worte, auf die ja schon hingewiesen wurde: „Jetzt ist es so weit: Ich rede." (S. 371) wäre dann eine Wiederholung dessen, was immer schon geschehen ist und im vorliegenden Buch sich verwirklicht hat. Vielleicht wird die Charakterisierung des Romans durch die schon zitierte Stelle aus dem Klappentext der Neuveröffentlichung des Romans 1988 in Frankreich damit deutlicher, wenn Blanchot dort schreibt: „Le

---

[104] Bengsch. München. 2011. S. 124.

Très-Haut, par delà toute divinité, n'est plus qu' un malade qui meurt sans mourir." (Vgl. oben S. 84)[105]

---

[105] Aufgefallen sind mir noch die Passagen, wo Henri Sorge von Jeanne mit „le Plus-Haut" angesprochen wird (S. 338) und später, als sie sich als sein Geschöpf betrachtet: „Ich lebe nur vor Ihren Augen." (S. 369) Vor seiner Erschießung sagt sie: *„Sie waren für niemand anders lebendig als für mich: für niemand auf der Welt, niemand, niemand.* Dafür könnte man doch sterben? ... Keiner weiß, wer Sie sind, aber ich, die es als einzige weiß, werde Sie zerstören." (S. 371. Hervorhebung von A.F.) Diese *Einmaligkeit*, die hier beschworen wird, lese ich als eine Reminiszenz an Kafkas Mann vor dem Gesetz, der vom Türhüter die Antwort bekommt: „Hier konnte *niemand sonst* Eintritt erhalten, denn dieser Eingang war nur für dich bestimmt." (Kafka: Der Prozeß. Frankfurt/M. 1983. S. 183. Hervorhebung von A.F..) Ich habe dies in einer Fußnote untergebracht, da mir hier die Möglichkeit fehlt, die deutliche Nähe Blanchots zu Kafka weiter auszuführen.

III LITERATUR UND TOD BEI RILKE

4   „Poetologische Fiktion" und Schreiben über den Tod bei Rilke

Im Werk Rilkes hat das Schreiben über den Tod, wie in den Schriften Blanchots, einen auffallenden Stellenwert. Viele Untersuchungen zum einzigen Roman Rilkes stehen aber in der Tradition einer Auseinandersetzung mit diesem Roman, die als zentrales Thema eher die Problematik des Erzählens konstatiert, weniger die Aspekte des Todes. Natürlich ist die Problematik des Erzählens in Rilkes Roman nicht zu übersehen und gerade auch für diese vorliegende Arbeit bedeutend. Aus den Aufzeichnungen wird schnell deutlich, dass es sich bei Malte, dem Ich-Erzähler des Romans, um einen Schriftsteller handelt, der sich über sein eigenes bisheriges Schreiben äußerst kritisch äußert und Perspektiven für ein „anderes Schreiben" aufzeigt, die über das Erzählprinzip seines eigenen Schreibens, und seine eigenen neuartigen Erzählversuche Aufschluss geben, und die auf keinen Fall ignoriert werden dürfen, wenn man sich mit diesem Roman beschäftigt. Es handelt sich hier also offensichtlich um eine Künstlererzählung, um einen literarischen Text, der auch seine eigenen Produktionsbedingungen thematisiert. Literarische Texte, die thematisch selbstreflexiv sind, werden von Jan Wiele in seinem gleichnamigen Werk als „poetologische Fiktion" bezeichnet.[106] Er grenzt das Thema seines Buches noch insoweit ein, als es ihm um solche Werke geht, „die einen Schriftsteller zum Protagonisten

---

[106] Wiele. Heidelberg. 2010.

oder zum Erzähler machen" (Ebd. S. 7), wie es ja in Rilkes Roman der Fall ist.

Es stehen somit zwei Aspekte des Romans von Rilke im Vordergrund, nämlich die *poetologischen Selbstreflexionen* und die Auseinandersetzungen mit dem *Thema des Todes und des Sterbens*. Da Letzteres im Werk Rilkes kein nur auf diesen Roman bezogenes Thema ist, soll zunächst ein kurzer Einblick in einige Werke Rilkes gegeben werden, die sich mit dieser Problematik befassen, und die für eine Annäherung an den Roman *Die Aufzeichnungen des Malte Laurids Brigge* aufschlussreich sind. (Abschnitt 4.1)

Auch Blanchot schreibt in seinem Buch *Der literarische Raum* über Rilkes intensive Hinwendung als Dichter zur Erfahrung des Sterbens und des Todes, wobei vor allem die Entgegensetzung eines *„eigenen Todes"*, der dem einzelnen Individuum eigen ist, weil er lebenslang in und mit ihm gewachsen ist, dem eines *anonymen Todes*, wie er Malte im modernen Leben in der Großstadt Paris immer wieder begegnet, und dies mit großem Entsetzen und mit Angstgefühlen, in seinen „Aufzeichnungen" kontrastiert und beschreibt. Der Auseinandersetzung Blanchots mit Rilkes Malte-Roman ist ein eigener Abschnitt gewidmet, da seine Aussagen über Rilke wichtige Einblicke über dessen Schreiben aufzeigen wie auch über sein eigenes Schreiben, wie ich es in der „These" am Anfang der Arbeit formuliert habe. (Abschnitt 4.2)

4.1 Das Schreiben über den Tod in Rilkes Werk

Bei meinem Thema geht es nur um Teilaspekte des Romans von Rilke, nämlich um die von Rilke in einem fiktionalen Werk, dem einzigen Roman Rilkes, beschriebene Todesthematik, also um Literatur und Tod. Der Roman wurde 1904 begonnen und 1910 veröffentlicht. Rilke macht jedoch immer wieder den Tod in seinem übrigen Werk zum Thema, wie z.B. in *Die Weise von Liebe und Tod des Cornets Christoph Rilke,* einem Jugendwerk, geschrieben 1899 in einer Erstfassung, die Drittfassung entstand 1906; außerdem in dem zwischen 1899 und 1903 entstandenen *Stundenbuch,* das im dritten Teil mit der Überschrift „Von der Armut und vom Tode" eine Auseinandersetzung Rilkes mit diesem Thema ist. Es geht mir an dieser Stelle keineswegs um eine grundsätzliche Einbeziehung dieser und anderer Dichtungen Rilkes in meine Ausführungen, die Rilkes Aufzeichnungen über den Tod im Malte-Roman zum Thema haben. Wichtig scheint mir aber doch die Tatsache, dass diese Thematik bei Rilke nicht nur auf seinen Roman beschränkt ist. Katja Grote schreibt in Ihrem Buch in einem Abschnitt sogar von „Rilkes Todesaffinität und die Umsetzung in seinen Werken."[107]

Das im Malte-Roman breit ausgeführte Konzept vom „eignen Tod" findet sich bereits im dritten Teil des *Stundenbuchs,* das „Von der Armut und vom Tode" betitelt ist, und in dem er von den „Fortgeworfenen", wie Rilke sie im Malte-Roman nennt, schreibt:

„Sie sind gegeben unter hundert Quäler,
und, angeschrien von jeder Stunde Schlag,
kreisen sie einsam um die Hospitäler
und warten angstvoll auf den Einlaßtag.

Dort ist der Tod. Nicht jener, dessen Grüße
Sie in der Kindheit wundersam gestreift, –
Der kleine Tod, wie man ihn dort begreift;

---

[107] Grote.. Frankfurt/M. 1996. S. 120 ff.

Ihr eigener hängt grün und ohne Süße
Wie eine Frucht in ihnen, die nicht reift.

O Herr, gieb jedem seinen eignen Tod.
Das Sterben, das aus jenem Leben geht,
darin wir Liebe hatten, Sinn und Not.

Denn wir sind nur die Schale und das Blatt.
Der große Tod, den jeder in sich hat,
das ist die Frucht, um die sich alles dreht."[108]

Dieses Motiv des „eignen Todes", das im „Sterben, das aus jenem Leben geht, darin wir Liebe hatten", und somit einen natürlichen Bestandteil des Lebens darstellt, taucht wieder auf in *Die Weise von Liebe und Tod des Cornet Christoph Rilke*, der nach seiner ersten (und letzten) Liebesnacht am darauffolgenden Morgen in der Schlacht stirbt. Der Tod „korrespondiert mit den Empfindungen der vergangenen Nacht: Leben und Tod stehen im Einklang miteinander, das Sterben ist individuell."[109] Aufschlussreich scheint mir auch die Bemerkung Katja Grotes, wenn sie davon schreibt, dass die Ambivalenz von Leben und Tod das Thema schlechthin im Gesamtwerk Rilkes sei,

> „wobei er unter Leben und Tod nicht nur ihren physischen Aspekt versteht, sondern ein bewußtes individuelles Leben und einen damit verknüpften bewußten und individuellen Tod" (Grote. A.a.O.. S. 123)

Der offene Umgang mit dem Tod, der sich als ein natürlicher Bestandteil des Lebens darstellt, – der Tod ist nicht der Gegensatz des Lebens – zeigt sich auch in den literarischen Aufzeichnungen

---

[108] Rilke. Werke Bd.1. Darmstadt. 1996. S. 236.
[109] Grote. 1996. Frankfurt/M. S. 122.

Maltes. Malte wird in Paris ständig mit dem Tod konfrontiert, seien es seine Beobachtungen der Leichenwagen auf der Straße oder seine Begegnungen mit Kranken und Sterbenden im Krankenhaus oder in seinen Schilderungen von Kindheitserinnerungen, wie dem wochenlangen Sterben seines Großvaters väterlicherseits, dem alten Kammerherrn Brigge, „dem man es an(sah), daß er einen Tod in sich trug." (S.14)

Bei diesen Beispielen von den Schilderungen der verschiedenen Todesarten im Malte-Roman (wobei ich nicht auf alle geschilderten Todesfälle des Romans im Rahmen dieser Arbeit eingehen kann, z. B. die recht ungewöhnliche Schilderung des Todes seines Vaters, der offensichtlich sicher sein wollte, nach seinem Sterben auch tot zu sein, und deshalb auch testamentarisch einen „Herzstich" verlangte, eine Szene, die Malte ausführlich beschreibt)[110] geht es immer wieder um die Entgegensetzung der Todeserfahrungen des „eignen Todes" auf dem Land, an die sich Malte erinnert, und um die urbanen Todeserfahrungen, die er als unpersönlich und anonym beschreibt.

Diese Zuordnung der unterschiedlichen Todeserfahrungen ist nur *ein* Mittel, um die Todeserfahrungen, die der Ich-Erzähler Malte mitteilt, dort zu verorten, wo diese auch gemacht werden. Wichtiger scheint mir jedoch die Frage zu sein, inwiefern ein „eigner Tod", den Rilke als ein mit einem individuellen Leben durchaus verbundenen Tod darstellt, gegen den „wertlosen", anonymen und das einzelne Individuum durchstreichenden Tod setzt und damit auch bewertet. Die Idealisierung um den eigenen Tod fokussiert sich bei Malte im Gegensatz zwischen der favorisierten Todesvorstellung des eigenen Todes auf dem Land, die er

---

[110] Vgl. dazu unten S. 112.

aus seiner Kindheitserinnerung beschreibt und dem anonymen Sterben in der Großstadt.

Bevor ich auf Rilkes poetologische Ausführungen und auf die Darstellung des Themas Tod im Malte-Roman genauer eingehe, liegt mir viel daran, das Schreiben Blanchots über Rilke und Rilkes Roman im nächsten Abschnitt ausführlicher darzustellen.

4.2 Blanchot über Rilkes Malte-Roman

Die Ausführungen Blanchots zu Rilkes Todesvorstellungen in seinem gesamten Werk, wie er sie in seinem Buch *Der literarische Raum* ausführlich darlegt, können im Rahmen der vorliegenden Arbeit nicht in ihrer ganzen Vielfalt untersucht werden. Meine Bemerkungen beschränken sich auf Rilkes Sicht auf das Sterben und den Tod, wie sie Blanchot bis zu Rilkes Veröffentlichung seines Malte-Romans im Jahre 1910 und über die weiteren Äußerungen Rilkes über seinen Roman noch danach darstellt, z.B. in seinen Briefen.

Der Ausgangspunkt meiner Überlegungen zum Malte ist folgende Aussage Blanchots:

> „Die Erfahrung Maltes ist für Rilke entscheidend gewesen. Dieses Buch ist mysteriös, weil es sich um ein verborgenes Zentrum dreht, dem der Autor sich nicht hat nähern können. Dieses Zentrum ist *Maltes Tod oder der Augenblick seines Zusammenbruchs*. Der ganze erste Teil des Buches kündigt es an, alle Erfahrungen streben danach, unter dem Leben den Beweis der Unmöglichkeit dieses Lebens zu öffnen, Raum ohne Grund, wo er ausgleitet, fällt, doch dieser Fall ist uns verborgen."[111]

Um eine vorsichtige Deutung dieses Zitats zu versuchen, will Blanchot vielleicht auf die Unmöglichkeit des Lebens hinweisen,

---

[111] Blanchot 2012. S. 132. Hervorhebung von A.F.

das angesichts des Todes, des leeren Zentrums, das auch durch die Hereinnahme des eigenen Todes ins eigene Leben, sein affirmatives Akzeptieren, nicht auffüllbar ist. *Malte stirbt* und Rilke selbst ist es nicht gelungen, seine Ängste zu bewältigen, seine Befürchtungen, dass sich mit diesem offenen Problem eigentlich nicht leben lässt, und dass es sich auch durch Schreiben (in seinem Falle durch das Schreiben des Malte) nicht „lösen" lässt: die „leere Mitte" bleibt.

Der Eindruck drängt sich auf, dass auch Blanchot dieses Problem, mit dem Schreiben und dem immer sich wiederholenden Zwang, mit dem Schreiben immer wieder neu beginnen zu müssen, hat und nicht „lösen" kann; also auch das Wissen um die Unlösbarkeit (durch das Schreiben, durch die künstlerische Produktion) hilft dem Schriftsteller nicht weiter. Trotzdem scheint für Blanchot nur dieser Weg des Schreibens zu bleiben. In *Die wesentliche Einsamkeit* formuliert er es so, dass es

> „für den Schriftsteller keine andere Möglichkeit (gibt), als immer weiter dieses Werk zu schreiben. ... Das Werk ist der Bescheid selbst, welcher ihn entlässt, ihn wegstreicht, der aus ihm den Überlebenden macht, den Werklosen (désoeuvré), den Unbeschäftigten, den Untätigen, von dem die Kunst nicht abhängig ist."[112]

Auch wenn das désoeuvrement – knapp formuliert: die Entfernung des Schriftstellers von seinem Werk – unvermeidbar scheint, bleibt ihm nur die Wiederholung des Schreibens selbst.

Rilke setzt sich auch im Malte-Roman ausführlich mit den Themen Schreiben, Angst, Sterben und Tod auseinander. Mit dem Hinweis auf Rilkes Ablehnung des Selbstmords, das dieser

---

[112] Ebd. S. 16.

z.B. in einem Gedicht über den Suizid des jungen Grafen Wolf Kalckreuth[113] bezeugt, schreibt Blanchot:

> „Man darf nicht allzusehr begehren, zu sterben, man darf den Tod nicht empören, indem man den Schatten eines übermäßigen Begehrens auf ihn fallen lässt. Vielleicht gibt es zwei zerstreute Tode: jenen, in dem wir nicht reifer geworden sind, der uns nicht gehört; jenen, der nicht in uns gereift ist und den wir durch Gewalt erlangt haben. In beiden Fällen, weil er nicht Tod unserer selbst ist, weil er mehr unser Begehren als unser Tod ist, können wir fürchten, *in Ermangelung des Todes ums Leben zu kommen*, indem wir in der finalen Unachtsamkeit verenden." (Blanchot. 2012. S. 122. Hervorhebung von A.F.)

Im Malte-Roman stellt Rilke der Angst vor dem *anonymen Tod*, wie z.B. in der Schilderung des Sterbens im Krankenhaus, den *individuellen Tod* gegenüber, der zur eigenen Existenz gehört, wie in der Schilderung des Sterbens des Großvaters väterlicherseits, des „alten Kammerherrn Brigge", dem man ansah, „daß er einen Tod in sich trug. Und was war das für einer: zwei Monate lang und so laut bis aufs Vorwerk hinaus." (S. 12) Dieses Bild des persönlichen Todes, (das *„ich sterbe,* worin sich der Individualismus verschanzt"), das Rilke im Roman dem anonymen *„man stirbt"* entgegensetzt,[114] macht aber eine Frage deutlich, die Blanchot (um die Position Maltes/Rilkes zu verdeutlichen) so formuliert:

> „Werden wir weiterhin den Tod als die unverständliche Fremdheit betrachten oder werden wir nicht lernen, ihn ins Leben zu ziehen, aus ihm den anderen Namen, die andere Seite des Lebens zu machen?" (Blanchot. 2012. S. 130)

---

[113] „Requiem für Wolfgang von Kalkreuth" (geschrieben 1908 in Paris), in: Rilke. Werke Band 1. Darmstadt. 1996. S. 422-426.
[114] Vgl. dazu Blanchot. 2012. S. 129.

Die Angst Maltes vor dem anonymen Tod, die sicher in Verbindung steht mit der anonymen Existenz in der Großstadt Paris, versucht er durch die Hoffnung auf einen anderen Tod zu ersetzen, den Tod eines Ichs, das als Ich sterben will,

> „sodass mein Tod der Moment meiner größten Authentizität (sic!) ist, jener, zu der ‚ich' hineile, wie zur Möglichkeit, die mir absolut eigen ist, die nur mir eigen ist und mich in der reinen Einsamkeit dieses reinen Ichs hält." (Ebd.)

Das Problem des Ichs, der eigenen Individualität, des Subjekts, das den eigenen Tod einschließt und nicht ausgrenzt, rückt damit ins Zentrum der Betrachtung. Das Bild eines autonomen Ichs, das damit evoziert wird, ist jedoch keineswegs das Ich, das sich nach meiner Lektüre des Malte-Romans zeigt, was im Folgenden noch zu zeigen sein wird.

Zunächst aber ist mir noch die Darstellung Blanchots über Rilkes Malte-Roman insofern wichtig, als er die Unterscheidung Blanchots zwischen dem vom Schriftsteller geschriebenen *Buch* und dem von einem Leser (nicht vom Schriftsteller selbst) durch sein Lesen sich darstellendes *Werk* macht, und an Rilke nach meiner Lesart exemplifiziert.

Das von Rilke geschriebene Buch wird erst für den Leser zu dem Werk, das Rilke geschrieben hat. Die von Rilke nach der Veröffentlichung des Buches im Jahre 1910 bezeugte „Schaffenskrise", die in der Sekundärliteratur häufig angeführt wird, beschreibt Blanchot so, dass man weiß, dass

> „die Vollendung des ‚Malte' für seinen Autor den Beginn einer zehnjährigen Krise bedeutete. Die Krise hat zweifellos weitere Gründe, aber er hat sie immer auf dieses Buch bezogen, von dem er das Gefühl hatte, in ihm alles gesagt und dennoch das Wesentliche verheimlicht zu haben, so

dass sein Held, sein Double um ihn herumirrte wie ein schlecht begrabener Toter, der immer in seinem Blick verweilen wollte." (Ebd. S. 133)

Blanchot zitiert dann u. a. aus einem Brief Rilkes an Marie von Thurn und Taxis vom 30.8.1910, wo es heißt:

> „In der konsequenten Verzweiflung ist *Malte hinter alles geraten, bis hinter den Tod gewissermaßen, so daß nichts mehr möglich war, nicht einmal das Sterben.*" (Ebd. Hervorhebung von A.F.)[115]

Dies ist ein tatsächlich erstaunlicher Satz Rilkes, in dem vom „Untergang" Maltes die Rede ist, und in dem seine persönliche Identifikation mit der fiktiven Person Malte deutlich wird. In dem hervorgehobenen Teil des obigen Zitats zeigt sich eine Nähe zu Blanchot, der kommentiert:

> „Worte, die es zu berücksichtigen gilt, selten in Rilkes Erfahrung, und welche die Erfahrung *hier offen gegenüber diesem nächtlichen Bereich zeigen, in welchem der Tod nicht mehr als die eigenste Möglichkeit erscheint, sondern als leere Tiefe der Unmöglichkeit,* ein Bereich, von der er sich meist abwendet, in der er jedoch zehn Jahre lang umherirren wird, in ihn gerufen durch das Werk und die Anforderung des Werkes." (Ebd. S. 134. Hervorhebung von A.F.)

In dem Aufsatz, der in *Der literarische Raum* unter dem Titel „Das Außen, die Nacht" erschienen ist, schreibt Blanchot von der ersten und der „anderen" Nacht, die sich darin unterscheiden, dass

---

[115] Der genaue Wortlaut des Briefes ist:
„Mir graut ein bischen, wenn ich an all die Gewaltsamkeit denke, die ich im *Malte Laurids* durchgesetzt habe, wie ich mit ihm (sic!) in der konsequenten Verzweiflung bis hinter alles geraten war, bis hinter den Tod gewissermaßen, so daß nichts mehr möglich war, nicht einmal das Sterben. Ich glaube es hats nie einer deutlicher durchgemacht, wie sehr die Kunst gegen die Natur geht, sie ist die leidenschaftliche Inversion der Welt…"
(In: R. M. Rilke und Marie von Thurn und Taxis: „Briefwechsel" Bd. 1. Zürich. 1951. S. 27.)

„die erste Nacht noch eine Konstruktion des Tages (ist). Es ist der Tag, der die Nacht macht." (Ebd. S. 171) Man könnte vielleicht auch sagen, dass sich dort das „normale" Leben und Sterben findet. Blanchot schreibt: „Dort ... geht jener, der stirbt, einem wahrhaften Sterben entgegen." (Ebd. S. 167) Dann erscheint die „andere Nacht. Die Nacht ist Erscheinen des ‚alles ist verschwunden'." (Ebd.) Oder eine andere Formulierung Blanchots:

> „In der (ersten; Ergänzung A.F.) Nacht findet man den Tod, erreicht man das Vergessen. Doch *diese andere Nacht ist der Tod, den man nicht findet*, ist das Vergessen, das sich vergisst, das inmitten des Vergessens die ruhelose Erinnerung ist." (Ebd. S. 168)

Wie deutlich zu erkennen ist, steht der von mir hervorgehobene Satzteil in Verbindung mit dem im obigen Brief Rilkes hervorgehobenen Teil. Denn „der Tod, den man nicht findet" ist doch nichts anderes als das nicht mehr mögliche Sterben, das hinter dem Tod erscheint, oder wenn „der Tod nicht mehr als die eigenste Möglichkeit erscheint", sondern als Unmöglichkeit.[116]

Die Erfahrung „hinter" den Tod geraten zu sein, die Blanchot in seiner eigenen Einschätzung mit Rilke teilt, ist offensichtlich ortlos und zeitlos, wo die Möglichkeit des Sterbens nicht mehr besteht. Ich möchte mal den Versuch machen, in meinen eigenen Worten eine mir möglich erscheinende „Interpretation" zu wagen: Wenn durch den Tod die Möglichkeit des Sterbens entfällt, so lässt diese „Erkenntnis" bestenfalls ein Gefühl der Unmöglichkeit zurück, das als Gefühl nichts anderes ist, als die Verzweiflung Maltes, die Rilke in dem oben zitierten Brief anspricht.

---

[116] Vgl dazu das Motto Blanchots, das ich meiner Arbeit vorangestellt habe. Es ist entnommen aus: Blanchot: Die Schrift des Desasters. 2005. S. 149.

Ich weiß wohl, dass ich mich mit einer so eindeutigen Erklärung auf Glatteis begebe, da es nach dem Herausgeber des Buches von Blanchot „nicht leicht" ist, den Texten Blanchots „gegenüberzutreten, den Ort zu finden, von dem aus sie sprechen, ihnen auf ihren verschlungenen Pfaden zu folgen und schon gar nicht, ihnen Begriffe abzuringen, die man als Besitz nach Hause nehmen kann."[117]

Bei Blanchot befindet man sich als Leser offenbar immer wieder zwischen dichotomischen Aussagen, die sich nicht dialektisch auflösen lassen, sondern als Widersprüche, als (logisch) unauflösbare Paradoxien stehen bleiben. Dies gilt offenbar auch für die „authentischen" bzw. „inauthentischen" Verhältnisse, die es zum Tod gibt, und die er bei Rilke wiederfindet.

> „Wenn die wahre Wirklichkeit des Todes nicht einfach das ist, was wir von außen als ‚das Leben verlassen' bezeichnen, wenn sie etwas anderes ist, als die weltliche Realität des Todes, ... lässt uns diese Bewegung ... ihre tiefe Unendlichkeit ahnen: der *Tod als Abgrund, nicht das, was begründet, sondern die Abwesenheit und der Verlust jeder Grundlage. Dies ist das beeindruckende Ergebnis von Rilkes Erfahrung .... Diese Macht ... entzieht sich ihm und entzieht sich uns beständig*: Sie ist der unvermeidbare doch unerreichbare Tod; sie ist der Abgrund der Gegenwart, zu der ich keinen Bezug habe, das, zu dem ich nicht hineilen kann, denn in ihm sterbe nicht *ich*, habe ich die Fähigkeit zu sterben verloren, in ihm stirbt *man*, man hört nicht auf zu sterben und macht dem kein Ende."[118]

In dem von mir hervorgehobenen Teil des Zitats wird für mich deutlich, dass Blanchot versucht, auch bei Rilke die Auffassung vom „Tod als Abgrund" festzustellen und damit seiner eigenen Position anzunähern, die in einem Zitat von Emanuel Alloa paraphrasiert und verdeutlicht wird:

---

[117] Gutjahr: Nachwort zu *Der literarische Raum*. A.a.O. S. 316.
[118] Blanchot. 2012. S. 158 f.

Für Blanchot ist das Sterben „niemals das Ende, sondern vielmehr die Unmöglichkeit eines Endes und somit jeder ‚Entschlossenheit'. Der Tod ist unumgänglich und doch unzugänglich, angesichts des Todes ‚sterbe ich nicht'. *Ich bin von meiner Fähigkeit zu sterben beraubt, da nicht ich,* sondern *man* im Tode stirbt und immer wieder stirbt. Ständig bleibt der Tod also Blanchot zufolge, etwas Äußerliches, ohne jemals eine authentische Erfahrung werden zu können."[119]

Levinas schreibt über Blanchot:

„Angesichts der Dunkelheit, an die die Kunst erinnert, löst sich – so wie auch angesichts des Todes – das ‚Ich', dieser Machtträger, in ein anonymes ‚Man' auf und verteilt sich über einen Boden des Suchens"[120]

Nach Levinas ist das Außen von Blanchot nicht in ein Anderswo verlegt, sondern es wird jeglicher Verortbarkeit entzogen, es gehört zu jener „zweiten Nacht", von der oben (Seite 107) schon die Rede war.

Hinzuweisen bleibt noch auf das, was Blanchot zu Rilkes Vorstellung von der „Illusion des eigenen Todes" in der *Schrift des Desasters*[121] schreibt.

Ehe ich mich der Darstellung des Sterbens und des Todes in Rilkes Malte-Roman zuwende, möchte ich das, was Rilke als Selbstreflexion des Poetologischen in seinem Werk selbst aufdeckt, also die „poetologische Fiktion" seines Werkes versuchen aufzuzeigen.

---

[119] Alloa. 2007. In: Busch u.a. (Hrsg.): „Pathos". S. 86 f.
[120] Levinas: Sur Maurice Blanchot. Paris. 1975. S. 13. Zitiert nach Alloa. S. 88f.
[121] Blanchot. 1995. S. 144. Vgl. dazu meine Anmerkungen Seite 145.

4.3 Die selbstreflexiven Ausführungen Rilkes zum „Erzählen" oder seine „poetologische Fiktion"

4.3.1 Die erzählerische Form des Malte-Romans

Die Passage aus dem Roman, die immer wieder zitiert wird, ist die vom Ende des Erzählens: „Daß man erzählte, wirklich erzählte, das muß vor meiner Zeit gewesen sein. Ich habe nie jemanden wirklich erzählen hören. ... Der alte Graf Brahe soll es noch gekonnt haben." (S. 124) Das Thema dieses Zitats ist nicht singulär, sondern durchzieht den ganzen Malte-Roman. Nach Göttsche gelangt Malte gerade durch seine thematisierte Krisenerfahrung zu einer neuen Prosaform, er wird „im Vollzug seiner schreibenden Erfahrungsbewältigung zum Erzähler."[122]

Nach dem vernichtenden Urteil Maltes über seine bisherigen Schreibversuche, folgt im Roman eine Passage über die Bedingungen der Entstehung von Dichtung. Dort geht es auch um Momente des Wartens und Vergessens, die neben der langen Erfahrung die Grunderfahrungen des Poeten sind, die notwendig sind, um die „erste Zeile eines Gedichts" entstehen zu lassen. Auch die Existenz des „Dritten" im Drama, dessen Verschwinden Malte fordert, weil er als „Chiffre" für eine überkommene Technik des Erzählens fungiert, mündet in Fragen, die dahingehend eine Antwort für Malte finden, dass die Kunst über Jahrhunderte ein falsches Bild der Wirklichkeit gegeben habe, deshalb müsse „etwas geschehen", nämlich (und hier wechselt Malte in die Er-Form) : „Dieser junge, belanglose Ausländer, Brigge, wird sich fünf Treppen hoch hinsetzen müssen und schreiben, Tag und

---

[122] Göttsche. 1987, S. 116. Zitiert nach Wiele. A.a.O. S. 74.

Nacht: ja er wird schreiben müssen, das wird das Ende sein." (S. 24)

Die Wiederholung vom zwanghaften „schreiben müssen" betont, nach Wiele, „die Unlenkbarkeit dieses Prozesses im Gegensatz zu einem geplanten Konstruieren von Geschichten und weist hinaus auf die moderne Praxis einer *automatischen* Schreibweise."[123]

Diese Auslegung scheint die Forderung der „automatischen Schreibweise" der Surrealisten im Umfeld Bretons vorweg zu nehmen, an die auch Blanchot in seinen Schriften immer wieder wohlwollend, wenn auch kritisch angeknüpft hat.[124] Wichtig ist mir noch der Hinweis, dass es beim *Erzählen Maltes nicht um eine Darstellung einer objektiven Realität geht, die dem Erzählen vorausgeht* und mimetisch beschrieben wird. Die „Aufzeichnungen" beruhen vielmehr auf der *Einbildungskraft* Maltes, die das jeweilige Motiv seiner Beobachtungen und Erinnerungen an seine Kindheit oder an Gelesenes sind. Der Leser erhält nur die subjektiven Eindrücke des Ich-Erzählers Malte, der in den Aufzeichnungen lediglich seine eigenen Gefühle, Gedanken und Erfahrungen verarbeitet.

Das *erzählende Ich* fällt in vielen Passagen des Romans mit dem *erzählten Ich* zusammen, z.B. in den Aufzeichnungen, die zu der unmittelbar erlebten Pariser Wirklichkeit gehören (dies betrifft

---

[123] Wiele. 2010. S. 79.
[124] Vgl. dazu die Ausführungen in: Gelhard. 2005. S. 58 ff. Hinweisen möchte ich noch auf die Nähe zum Surrealismus, die Tanja Dembski anmerkt, wenn sie schreibt, dass einige Stellen des Malte-Romans durchaus herangezogen werden können zur Charakterisierung von Merkmalen surrealistischen Schreibens. Sie schränkt dies jedoch dadurch ein, dass Rilkes Roman „eine sehr bewußte ästhetische Gestaltung auf(weist); sprachliche und formale Mittel sind hier nicht destruiert oder zufällig, sondern avanciert als Aufbauelemente eingesetzt." (Dembski. 2000. S. 83. Anm. 104)

fast alle ersten 25 Aufzeichnungen des aus 71 Aufzeichnungen bestehenden Romans).

Bei den persönlichen Erinnerungen Maltes gibt es eine deutliche Distanz zwischen dem Erzählten und der Erzählfigur Malte. Letzterer bleibt jedoch als persönlicher Erzähler in fast allen Aufzeichnungen präsent und „liefert Interpretationen, Deutungen und Erklärungen des vergangenen Geschehens", wie Tanja Dembski schreibt. Sie betont in ihrem Buch auch, dass „das Spannungsverhältnis zwischen erlebendem und erzählendem Ich, das auf Abbau bzw. Wahrung der Distanz beruht, für Rilkes Roman ein konstitutives Element (ist)."[125]

Die Form der „Retrospektive des Erzähl-Ichs dominiert im Roman" und im Vorgang des Erzählens findet „eine Identifizierung mit dem vergangenen Ich statt". [126] Dies gilt z.B. für die „Spiegel-Szene" (Aufzeichnung 32), die Erinnerung an das abgebrannte Haus der Schulins (Aufzeichnung 42) und die Aufzeichnung mit dem Herzstich an der Leiche von Maltes Vater (Aufzeichnung 45). Während sich (nach Tanja Dembski) in letzterem Beispiel „die distanzlose und unreflektierende Wiedergabe des Geschehens" zeigt, gibt es im Roman auch Passagen, in dem die Ich-Zustände des Erzählers Malte in „distanzloses Durchleben vergangener Situationen der Entfremdung und Entgrenzung" abgleiten, wie es in der „Spiegel-Szene" deutlich wird. Dieser Wechsel der Perspektive bezeugt eine „spannungsvolle Beziehung zwischen vergangenem und gegenwärtigem Bewußtsein und die *durchgängige Destruktion der Ich-Identität des Erzählers.*" (Ebd. S. 62)

---

[125] Dembski. Würzburg. 2000. S. 62 f.
[126] Ebd. S. 61.

Die von mir hervorgehobene Stelle, der Schritt von der Ich- zur Er-Erzählung bezeichnet Jan Wiele in seinem Buch als „Vorgang der Entgrenzung."[127] Er weist darauf hin, dass „Malte ... die typisch moderne Erfahrung eines Ichverlusts" darstellt, und dass Walter Sokel diesbezüglich auch von einer „Ent-Ichung" Maltes gesprochen hat, was noch Gegenstand meiner weiteren Auseinandersetzung mit dem Roman sein wird. Wiele betont, dass „das eigene Ich dem Erzähler bei der Erinnerung an lange zurückliegende Ereignisse so fremd (wird), daß es sich in ein ‚Er' verwandelt." (Ebd. S. 86) Meines Erachtens greift jedoch die Auffassung, dass die Er-Erzählung als Merkmal der Fremdheit, der „Ent-Ichung" des Erzählers anzusehen ist, zu kurz. Sowohl der Malte-Roman, als auch der Roman Blanchots, haben als „Erzählstimme" einen Icherzähler, deren Brüchigkeit und deren Tendenzen zur Auflösung ihrer Identität (letzteres vor allem bei Blanchot; A.F.) offensichtlich sind.[128] Tanja Dembskis Bemerkung über den Ich-Erzähler im Malte Roman ist zuzustimmen, wenn sie schreibt, dass

> „die spannungsvolle Beziehung zwischen vergangenem und gegenwärtigem Bewußtsein ... die durchgängige Destruktion der Ich-Identität des Erzählers (bezeugt). Dem Bemühen Maltes um Erklärung und existentielle Vergewisserung früherer Ich-Zustände steht immer wieder das Abgleiten in distanzloses Durchleben vergangener Situationen der Entfremdung und Entgrenzung gegenüber."[129]

---

[127] Wiele. Heidelberg. 2010. S. 85.
[128] Siehe dazu auch meine Ausführungen über die *„Erzählstimme", die als „Neutrum" erzählt* oben in Abschnitt 3.2 (Seite 63 ff.)
[129] Dembski. A.a.O. S. 62.

4.3.2 Malte als Subjekt und Objekt dichterischer Einbildung

Dem Gedanken einer extremen Subjektivität, die die Aufzeichnungen Maltes zu charakterisieren scheinen, soll nun genauer nachgegangen werden. Dabei fällt der schon erwähnten *„Einbildungskraft"* des Erzählers eine große Bedeutung zu. Diese ist für Judith Ryan in ihrem Aufsatz[130] geradezu paradigmatisch. Sie hebt hervor, dass die von Malte erzählten Geschichten „hypothetischen" Erzählcharakter haben: „Das Erzählen (Maltes) kann keine zeitlose Ganzheit heraufbeschwören, wie das zur Zeit des Großvaters noch der Fall war, sondern es kann nur indirekt, auf dem Wege der Hypothese erzählt werden." (Ebd. S, 266) Die Autorin bringt zum Nachweis ihrer These viele Beispiele aus dem Roman, die hier wegen der Einschränkung auf das Thema „Literatur und Tod" nicht aufgefächert werden können. Es geht mir hier nur darum, zu zeigen, dass mit diesem *„hypothetischen Erzählen"* eine *Möglichkeitswelt* verwirklicht wird gegenüber einer Wirklichkeitswelt. Malte verhält sich gegenüber seinem Stoff nicht wie zu etwas Gegebenem, das nur zu beschreiben ist, *„sondern sein Stoff entsteht erst im Erzählvorgang."*[131]

Petersen[132] fragt, ob es glaubwürdig sei, wenn Malte „vom Auftritt der Toten berichtet, wenn er Häuser sieht, wo keine stehen, wenn er seine Halluzinationen als Wahrheiten anbietet? Eben weil die Welt als undurchschaubar gilt, ist auch deren Beschreibung durch Malte ganz und gar subjektiv" (Ebd. S. 81), also für den Leser nicht verbindlich. Aus diesen hier angesprochenen

---

[130] Ryan. In: Engelhardt: Materialien. 1974. S. 244-279.
[131] Wiele. 2010. S. 83. Die von mir hervorgehobene Stelle zeigt für mich durchaus eine Parallele zum Erzählen bei Blanchot auf, wie ich dies in dem Foucault gewidmeten Teil oben zu erklären versucht habe.
[132] Petersen. 1991

Erzählelementen wird nach meiner Lesart deutlich, dass das Schildern und das Ausprobieren von Möglichkeiten für das von Ryan „hypothetisch" genannte Erzählen, das sich in den Aufzeichnungen Maltes zeigt, durchaus auf den in obigem Zitat vorgeführten Erzählvorgang im Roman zutrifft. Deshalb schließe ich mich in meiner Beurteilung hier der Meinung Wieles an, dass im Malte-Roman die „Einbildung, d.h. die Darstellung des Erzählten als bloße Möglichkeit ... im Text referiert wird" (Wiele. S. 84), womit er Petersen widerspricht, der dies ausdrücklich verneint.[133]

Die subjektive Sicht des Ich-Erzählers Malte, die auch Petersen in obigem Zitat hervorhebt, wird jedoch im Roman nicht konsequent durchgehalten. Maltes Erzählen wechselt manchmal abrupt in die Er-Form, was Wiele deutet als „Vorgang der Entgrenzung", als Indiz „für ein mögliches Eingeständnis der Fiktionalisierung des Erzählers Malte Laurids Brigge in Bezug auf sich selbst", also „Malte als Objekt dichterischer Einbildung".[134]

Letzterem ist als Vorgang der gewollten Distanzierung, die noch nicht Entfremdung oder „Ent-Ichung" bedeuten muss, durchaus zuzustimmen. Dies würde ich nicht als Relikte der von Rilke ursprünglich geplanten, unveröffentlichten auktorialen Fassung des Romans deuten, sondern als bewusst gestaltetes Element der vorliegenden Fassung des Romans, die sowohl den Ich-Erzähler selbst, als auch die Aufzeichnungen als Fiktion ausweisen.

Ein Aspekt des „Ich-Verlusts" durch Distanzierung wird thematisch vor allem in der 14. Aufzeichnung des Romans, worauf ich an dieser Stelle kurz eingehen möchte.

Bereits die 10. Aufzeichnung beginnt:

---

[133] Vgl. Petersen. 1991. S. 98.
[134] Zitate aus: Wiele. 2010. S. 84 ff.

> „Ich habe etwas getan gegen die Furcht. Ich habe die ganze Nacht gesessen und geschrieben, ..." (S. 16)

und in der 14. Aufzeichnung heißt es am Anfang:

> „Ich glaube, ich müßte anfangen, etwas zu arbeiten, jetzt, da ich sehen lerne. Ich bin achtundzwanzig, und es ist so gut wie nichts geschehen."

Und vor dem in der Forschung mit „Die großen Fragen" überschriebene Teil, in der die sich wiederholende Frage: „Ist es möglich ...?" gestellt wird, schreibt er:

> „Es ist lächerlich. Ich sitze hier in meiner kleinen Stube, ich, Brigge, der achtundzwanzig Jahre alt geworden ist und von dem niemand weiß. *Ich sitze hier und bin nichts. Und dennoch, dieses Nichts fängt an zu denken* und denkt, fünf Treppen hoch, an einem grauen Pariser Nachmittag diesen Gedanken: ..." Und er schließt mit der bereits zitierten Feststellung: „Dieser junge, belanglose Ausländer, Brigge, wird sich fünf Treppen hoch hinsetzen müssen und schreiben, Tag und Nacht: ja er (sic!) wird schreiben müssen, das wird das Ende sein." (S. 19-24)

Malte spricht also von sich selbst in der dritten Person, was als Distanzierung gedeutet werden kann, aber auch als ironische Brechung mit der eigenen Identität. Neben dem sich im Roman des Öfteren wiederholenden Wechsel von der Ich-Form zur Er-Form, ist hier vor allem bemerkenswert das Merkmal der existentiellen Motivation zum Erzählen, weil er sich vom Schreiben eine mögliche Überwindung seiner Ängste erhofft, was vor allem in der 18. Aufzeichnung deutlich wird. (siehe dazu unten Seite 132 ff.)

4.3.3 Malte als inszeniertes Autor-Ich und als fiktive Person des Romans

In diesem Abschnitt will ich auf einen *Aspekt* hinweisen, der zwar in wissenschaftlichen Arbeiten über fiktive Werke eines Autors nicht üblich ist (es sei denn, es handle sich ausdrücklich um eine Autobiographie, was bei den Aufzeichnungen des Malte Laurids Brigge nicht der Fall ist), aber im hier diskutierten Roman Rilkes so stark ausgeprägt, dass man bei Berücksichtigung der Lebensumstände des Autors davon ausgehen kann, *dass der fiktionale Text eine Vielzahl von Anknüpfungsmöglichkeiten an die Lebenswirklichkeit Rilkes hat*, zumal dieser selbst in Selbstzeugnissen auf solche Bezüge hingewiesen hat. Um nur ein Beispiel zu nennen, möchte ich eine Briefstelle Rilkes an seine Frau Clara (Brief vom 8.9.1908) zitieren, in der die erfundene Figur Malte eine fast faktische Existenz und Bedeutung für Rilke selbst eingeräumt wird. Die Briefstelle lautet:

> „Bis dorthin bin ich so weit mit ihm eines, als ichs sein muß, um die Notwendigkeit zu ihm zu haben und *die Zustimmung zu seinem Untergang*. Zu weit darf ich nicht über sein Leiden hinaus, sonst begreif ich ihn nicht mehr, sonst fällt er mir fort und ab, und ich kann ihm nicht mehr *die ganze Fülle seines Todes geben*."[135]

Für mich ist diese Briefstelle insofern auch von Bedeutung, als aus ihr hervorgeht, dass der „Untergang" Maltes und die „Fülle seines Todes" angesprochen werden, eine Lesart, die ich mit Blanchot teile. (s.o. Abschnitt 4.2. S. 102 ff.) Weitere „Selbstzeug-

---

[135] Rilke. Briefe. Bd. 1. Hrsg. Horst Nalewski. Frankfurt/M. 1991. S. 317. Hervorhebungen von A.F.

nisse" Rilkes sind in dem Materialienband von Engelhardt zusammengefasst.[136]

Nach meiner Einschätzung darf dies aber nicht dazu führen, nur anhand der Selbstzeugnisse Rilkes zu seinem Roman eine Deutung vorzunehmen, unter Berücksichtigung der Autorintentionen, was – wegen der vielen Selbstwidersprüche Rilkes in den Aussagen zu seinem Roman – auch gar nicht eindeutig möglich ist. Aber andererseits würde man bei völliger Ignorierung dieser Selbstzeugnisse einen wichtigen *Aspekt*, der gerade diesen Roman auszeichnet, zu Unrecht ausklammern. Ich berufe mich hierbei auch auf eine Aussage Engelhardts, der in dem Materialienband zu Rilkes Roman schreibt: „Rilke hat, im Bann einer Konzeption, die den Dichter als repräsentativ auch dann denkt, wenn er die *Krise des Ich* dokumentiert, seine Briefe als Teil seiner Kunst aufgefasst."[137]

Jan Wiele schreibt, dass der autobiographische Aspekt des Malte-Romans bereits durch die erste Aufzeichnung angezeigt wird, die beginnt: „11. September, rue Toullier", und die den „Anschein eines Tagebucheintrags erweckt und als Ortsangabe die Adresse verzeichnet, unter der Rilke selbst gewohnt hat. Die Ich-Erzählung ... trägt also erkennbar das Zeichen einer ‚autobiographischen Spur'."[138] Die Aussage, dass die Künstlerfigur des Malte Laurids Brigge damit zu einer „Kombination aus inszeniertem Autor-Ich und fiktiver Person" (Ebd.) wird, findet auch meine Zustimmung.

Trotz dieser biographischen Spur, möchte ich mich im Folgenden jedoch durchaus der ausschließlich *fiktiven Figur des Malte*

---

[136] Vgl. Engelhardt. 1974. S. 77-142.
[137] Ebd. S. 309.
[138] Wiele. 2010. S. 82.

als Subjekt und Objekt dichterischer Einbildung zuwenden, ohne dabei die sicherlich vorhandenen autobiographischen Bezüge zu Rilke selbst argumentativ zu verwenden, obwohl mir der offensichtliche Bezug der Figur Maltes zu Rilke selbst wichtig ist.

Die Präferenz Maltes auf einen „eignen Tod" und die von ihm ausgedrückte Angst von einem „anonymen Tod" macht das Problem deutlich, das entsteht, wenn der „authentische Tod" eines Individuums, einer Persönlichkeit damit bezeichnet werden soll, wie es in dem Roman Rilkes verschiedentlich auftaucht. Malte ist der extreme „Ich-Erzähler", der in dem, was er erzählt, keinerlei Erläuterungen oder Erklärungen abgibt, die dem Leser das Nachvollziehen dessen, worüber berichtet wird, erleichtern könnten. Dies entspricht einer Form von Aufzeichnungen, die ein Subjekt aufschreibt, das nur für sich selbst schreibt, z. B. in einem Tagebuch. Ein Tagebuchschreiber muss sich Zusammenhänge, die ihm einsichtig sind, nicht selbst erklären, es sei denn, er schreibt für Leser. Dass Malte für potentielle Leser schreibt, wird nach meiner Lesart im Roman selbst nicht deutlich, wenn man von der Herausgeberfiktion absieht, die Rilke als Rahmen um die Aufzeichnungen Maltes eingefügt hat, und durch die sie als authentische Dokumente des jungen Dänen Brigge ausgegeben werden.

Die Ausführungen Martinis[139] zu Rilke und zu einzelnen Abschnitten des Romans verneinen jedenfalls eine Leserorientierung des Malte-Romans Rilkes, wie es bei einem auktorialen Erzähler der Fall wäre. Er schreibt:

„Maltes Erzählen ist nicht ein Bilden zu den Anderen hin, sondern ein auf das Ich konzentrierter, dauernd vom Gefühlserlebnis und der psycholo-

---

[139] Martini, Fritz: „Das Wagnis der Sprache". Stuttgart. 1961. S. 133-175.

gischen Selbstreflexion durchdrungener Akt der Erkenntnis um der Bewältigung des Selbst und der Welt willen. Diese Prosa ... denkt primär nicht an den Leser." (Martini. 1961. S. 144)
Andererseits spricht Martini auch vom „Gegenwendigen", nämlich, dass der Erzähler *Malte* gleichsam in sich hinein spricht und sich mit Andeutungen begnügt, und er behauptet dann, dass *Rilke* „ja tatsächlich zu einem Leser spricht. Er braucht diese Technik, um die Dinge nach innen hin konturenlos zu machen, um ihnen jene Transparenz zum Offenen hin zu geben..." (Ebd. S.157. Die Satzstellung des Zitats wurde von mir leicht verändert A.F.)

Der Übergang vom Ich-Erzähler *Malte* zum Autor *Rilke* ist in diesen Zitaten Martinis auffällig. Vielleicht drückt sich darin eine Ambivalenz aus, eine Unentschiedenheit darüber, inwieweit der Autor Rilke und seine fiktive Figur Malte zusammenhängen, was auch in dem oben zitierten Kommentar Blanchots zu dem Brief Maltes an Marie von Thurn und Taxis zum Ausdruck kommt.[140]

Martini schreibt davon, dass er (also der Erzähler Malte) bemüht sei (in der Geschichte von Grischa Otrepjow) „den Leser ganz in seine innere Spannung hineinzuziehen." (Ebd S. 173) oder: „Die Aufmerksamkeit des Lesers wird ... ausdrücklich herausgefordert." (Ebd. S. 169)

Die Uneindeutigkeit zwischen „subjektiv-intimer .. Fragmentarik" und „sorgsamer Kunstleistung" zeigt sich nach Martini fast auf jeder Seite der „Aufzeichnungen". (Ebd.)

---

[140] Vgl. oben S. 106.

4.3.4 Die Form des Malte-Romans als Montage-Roman oder der Weg der Aufzeichnungen des Malte Laurids Brigge vom „Buch" zum „Werk"

Nach Petersen gehört Rilkes Roman zum „Typ des moderaten Montageromans."[141] Er schreibt, dass in der Romantik (bei Novalis) „die Montage bereits zu einem epischen Prinzip erhoben wird", dass sie jedoch „in der eigenen Romanpraxis ihre Forderungen noch nicht zu realisieren vermochten." (Ebd. S. 69 f.) Rilkes Roman realisiere jedoch einen Gutteil der frühromantischen Forderungen. Das von Rilke verwendete Erzählverfahren lässt überhaupt keine Zielorientierung erkennen, die der Präsentation einer Geschichte, eines Lebens, einer Entwicklung dient. „Rilke montiert vielmehr tagebuchähnliche Aufzeichnung (wie zu Beginn), Reflexionen, Beschreibungen, Erinnerungen. ... Auffallender noch ist die Montage unterschiedlicher Textgattungen" (Ebd. S. 72), z.B. ein Baudelaire-Zitat mit einem Abschnitt aus dem Buch Hiob (Abschnitt 18).

Bei der Beschreibung der subjektiven Empfindung dessen, was Malte „gesehen" hat, rückt „an die Stelle der Objekte die subjektive Empfindung." (Ebd. S. 74) So heißt es im vierten Abschnitt des Romans:

> „Ich lerne sehen. Ich weiß nicht, woran es liegt, es geht alles tiefer in mich ein und bleibt nicht an der Stelle stehen, wo es sonst immer zu Ende war. Ich habe ein Inneres, von dem ich nicht wußte. Alles geht jetzt dorthin. Ich weiß nicht, was dort geschieht." (S. 8)

Seine gegenwärtigen und früheren Ängste sind sein Thema, er spricht von seiner Krankheit und redet vom Tod als dem Extrem der Weltentfremdung, z.B. bei dem Sterbenden in der Crèmerie,

---

[141] Petersen. Stuttgart. 1991. S. 68.

worüber er im achtzehnten Abschnitt der Aufzeichnungen ausführlich berichtet: „Ich sitze ja jetzt in meiner Stube, ich kann ja versuchen, ruhig über das nachzudenken, was mir begegnet ist. Es ist gut, nichts im Ungewissen zu lassen." (S. 46) Diese Beschreibung schließt mit der Bemerkung: „Ich sage mir: es ist nichts geschehen, und doch habe ich jenen Mann nur begreifen können, weil *auch in mir etwas vor sich geht, das anfängt, mich von allem zu entfernen und abzutrennen.*" (S. 47. Hervorhebung von A.F.) An dieser Stelle charakterisiert sich Malte offensichtlich als einen, dem das Leben ebenso entrückt ist wie ein Toter.

Die Bemerkung Rilkes in einem Brief an die Gräfin Manon zu Solms-Laubach vom 11.4.1910,[142] in dem er über die Form des Malte-Romans schreibt:

> „Es ist nur so, als fände man in einem Schubfach ungeordnete Papiere und fände vorderhand nicht mehr und müßte sich begnügen. Das ist, künstlerisch betrachtet, eine schlechte Einheit, aber menschlich ist es möglich ..."

kommentiert Michael Kahl[143] so, dass die „Formlosigkeit" des Romans mit der

> „Intention auf die Darstellung des Lebens direkt verbunden zu sein (scheint). Rilkes Roman führt diesen Zusammenhang geradezu demonstrativ vor: Der Roman, der die epische Distanz vollständig aufhebt, zerfällt in 71 Aufzeichnungen, die Fragmentform ersetzt die Einheit der Handlung." (Ebd. S. 163)

Wenn „Formlosigkeit" das bewusste Kompositionsprinzip des Malte-Romans Rilkes ist, so ist er doch keineswegs „formlos",

---

[142] In: Engelhardt (Hrsg.): Materialien. Frankfurt/M. 1974. S. 82.
[143] Kahl. Freiburg i.Br. 1999.

sondern die bewusste Komposition der Formlosigkeit ist eben sein Prinzip.[144]

Man kann sicher mit Petersen sagen, dass auch die inhaltliche Beziehungslosigkeit vieler Textsequenzen von Rilke gewollt ist und ein „ästhetisches Prinzip" bildet, und dass er „einer Ästhetik der offenen Form und der freien Rezeption folgte." Ich möchte doch die Zusammenfassung der FORMANALYSE mit der korrespondierenden INHALTSANALYSE des Malte-Romans, wie sie Petersen sieht, zitieren:

> „Die Formanalyse, welche als Befund die Zerschlagung des epischen Kontinuums, des kausalen Handlungsgefüges, der zielorientierten Darstellungsweise mit Hilfe einer alle Textsorten und Sprachgesten zusammenbindenden Montagetechnik ergab, korrespondiert der Inhaltsanalyse, welche Selbstentfremdung, Ich-Isolierung und Undarstellbarkeit der Welt als Zentralmotive erkennbar macht."[145] (Ebd. S. 76)

Die von Petersen schon angesprochene „Ästhetik der offenen Form und der freien Rezeption" wird von ihm zu Recht eingeschränkt:

„Natürlich verweisen die vielfältigen Todesdarstellungen aufeinander, die Motivgleichheit schränkt absolut die freie Rezeption ein." (Ebd. S. 78)

Bei der Lektüre des Romans gibt es aber auch immer wieder „blinde Motive", die im Roman selbst nicht weitergeführt werden aber doch bezogen bleiben auf den Erzähler Malte, was dann auch für den Leser bedeutet, dass eine „totale Rezeptionsfreiheit" nicht möglich ist. (Die hier angesprochenen „blinden Motive" finden sich auch häufig in Blanchots Roman *Le Très-Haut*.)

---

[144] Petersen. Stuttgart 1991. S. 77.
[145] Vgl. dazu den Brief Rilkes an W. Hulewicz vom 10.11.1925. In: Engelhardt (Hrsg.): Frankfurt/M. S. 130 ff.

Um den in der Überschrift dieses Abschnittes angedeuteten Zusammenhang zu verdeutlichen, glaube ich, dass der Malte-Roman Rilkes ein paradigmatisches Beispiel für die Unterscheidung Blanchots zwischen „Buch" und „Werk" ist. Das von Rilke geschriebene „Buch" wird erst durch den Leser zu dem „Werk", das Rilke geschrieben hat, und das ihn in eine langjährige Schaffenskrise stürzte, wie er selbst es immer wieder in Briefen beschreibt.[146]

4.4 Literatur und Tod im Malte-Roman

Bereits in der ersten Aufzeichnung wird das Thema Leben und Tod angesprochen, wenn es heißt: „So, also hierher kommen die Leute, um zu leben, ich würde eher meinen, es stürbe sich hier." Der Ort wird nicht näher bestimmt, erst in der Aufzeichnung sechs wird Paris namentlich zweimal genannt. Hier schon wird deutlich, dass Malte nur aus seiner Sicht schreibt. Auffällig ist, dass bereits der erste Satz das Leben mit dem Tod verbindet. Alles, was Malte über seinen Spaziergang durch Paris sieht und beschreibt hat mit Elend, Krankheit, mit dem Tod zu tun und mit Hospitälern, er sieht einen „Menschen, welcher schwankte und umsank", eine sich an einer Mauer abstützende schwangere Frau und ein von Krankheit gezeichnetes Kleinkind, es riecht beißend nach Jodoform und „nach dem Fett von pommes frites, nach Angst", und er kommt zu dem Ergebnis, dass es die „Hauptsache war, daß man lebte. Das war die Hauptsache."

Schon der Anfang des Romans macht die Differenz seiner Meinung zu der der Leute deutlich. Auch sprachlich exponiert Malte sein eigenes „Ich", wenn er schreibt:

---

[146] Ich verweise in diesem Zusammenhang auch auf den Abschnitt 4.2 oben.

„*Ich* bin ausgewesen. *Ich* habe gesehen: Hospitäler. *Ich* habe einen Menschen gesehen... *Ich* habe eine schwangere Frau gesehen ... *Ich* suchte auf meinem Plan ...*Ich* habe sie gelesen." (Alle Zitate S. 7. Hervorhebungen von A.F.)

Die ersten Aufzeichnungen Maltes im Roman gelten hauptsächlich dem ihm sich aufdrängenden Alltag in Paris. Er reflektiert hier überwiegend die negativen Eindrücke von Hospitälern, von kranken Menschen, von üblen Gerüchen und vom Tod. Bereits in der ersten Aufzeichnung ist Malte (wie Michael Kahl schreibt)

> „konfrontiert mit den Hospitälern, einem Sterbenden, einer schwangeren Frau vor der Entbindung, einem Nachtasyl, einem kranken Kind. Die Gesamtheit der Lebenserscheinungen, ... die unterschiedlichsten Zeitstufen der menschlichen Existenz sind in diesem Panorama der Stadt vertreten: die Geburt, die Kindheit, die Krankheit, der Tod."[147]

Raoul Walisch schreibt, dass, indem Malte eine „Neudeutung seiner Umwelt anstrebt und schrittweise dabei selbst Gegenstand wird, ersichtlich (wird), warum im ‚Malte' dann auch das Ich in eine Krise gerät."[148]

Die Aufzeichnungen sechs bis zehn haben als Hauptthema den Tod, wobei Malte gegensätzliche Deutungen des Todes in Opposition setzt. Während die Aufzeichnung sechs beginnt mit: „Ich fürchte mich. Gegen die Furcht muß man etwas tun, wenn man sie einmal hat. Es wäre sehr häßlich, hier krank zu werden, und fiele es jemandem ein, mich ins Hotel-Dieu zu schaffen, so würde ich dort gewiß sterben" (S. 10), geht die siebte Aufzeichnung auf die Anonymisierung des Todes in Paris ein, auf die Losgelöstheit des Todes vom Individuum, auf die Zugehörigkeit des Todes zum medizinischen Krankheitsbild. Das Sterben im

---

[147] Kahl. Freiburg i.Br. 1999. S. 197.
[148] Walisch. Würzburg 2012. S. 129.

Krankenhaus erfährt Malte als „fabrikmäßig". (S. 11) Gegen diesen anonymen Tod steht die Deutung des „eigenen Todes" seines Großvaters väterlicherseits, des Kammerherrn Christoph Detlev Brigge in der sehr umfangreichen Aufzeichnung acht, wo der Tod eine eigene Stimme bekommt, die „schrie und stöhnte, brüllte" (S. 15), und weiter heißt es,

> dass dies „nicht der Tod irgendeines Wassersüchtigen (war), das war der böse, fürstliche Tod, den der Kammerherr sein ganzes Leben lang *in* sich getragen und aus sich genährt hatte." (S. 16 f)

Der Tod wird hier betrachtet, als sei er eine von der Person des sterbenden Kammerherrn abgelöste, eigenständige Person.

In der neunten Aufzeichnung wird dieses Konzept des eigenen Todes ins Allgemeine gewendet. Zu Beginn der achten Aufzeichnung heißt es: „Früher wußte man, daß man den Tod in sich hatte wie die Frucht den Kern" (S.12). Und zu Beginn der neunten Aufzeichnung: „Und wenn ich an die anderen denke, die ich gesehen oder von denen ich gehört habe: es ist immer dasselbe. Sie alle haben einen eigenen Tod gehabt." (S. 17) Für Malte ist dieser Tod als mit dem Leben zusammenhängend zu deuten und im Leben zu verorten: Wenn die Frauen schwanger waren, hatten sie

> „in ihrem großen Leib, auf welchem die schmalen Hände unwillkürlich liegen blieben, waren *zwei* Früchte: ein Kind und ein Tod. Kam das dichte, beinah nahrhafte Lächeln in ihrem ganz ausgeräumten Gesicht nicht davon her, daß sie manchmal meinten, es wüchsen beide?" (Ebd.)

Die Darstellung *des anonymen Todes*, den Malte als „fabrikmäßig" beschreibt und *des „eigenen Todes"*, den Malte favorisiert, vielleicht als „Idealbild" gegen den anonymen Tod stellt, soll im Folgenden genauer untersucht werden.

Die vielen im Roman angesprochenen Todesarten lassen sich natürlich nicht in einer solchen dichotomischen Einteilung verorten, obwohl Malte selbst die „Fabrikmetaphorik" und die Metaphorik vom Tod, den man „wie die Frucht den Kern" in sich hat, also eine Metaphorik aus dem Bereich des Lebens, selbst als Gegensätze benutzt.

Der anonyme Tod, den Malte beobachtet und aufzeichnet, spielt sich in der Öffentlichkeit ab. Deshalb werde ich im folgenden Abschnitt 4.4.1 mich diesen in den Aufzeichnungen beschriebenen Beobachtungen ausführlicher zuwenden. Da die Bezeichnung des Todes als ein (nach Malte erstrebenswerter) eigener Tod in meinen Augen eigentlich ein Paradoxon darstellt, weil der Tod gerade das „Eigene" (eines Ichs, einer Person, eines Individuums, eines Subjekts) vernichtet, möchte ich dieses Problem im Folgenden, vor allem bei der Darstellung der Konfrontation des direkt vor Malte in der Crèmerie Sterbenden (Abschnitt 4.4.2), und bei Betrachtung des „eigenen Todes" des Großvaters Maltes väterlicherseits, des Kammerherrn Brigge (im Abschnitt 4.4.3), genauer untersuchen. In diesem Abschnitt wird diese Kindheitserinnerung Maltes der ganz anderen Erinnerung an den Großvater mütterlicherseits, Graf Brahe, gegenübergestellt.

4.4.1 Der Tod als anonymer Tod in der Großstadt Paris

Es ist hier unmöglich, alle Aufzeichnungen, in denen der Tod von Malte erwähnt wird, zu betrachten und paraphrasierend zu wiederholen. Mit der Anmerkung, dass im Krankenhaus Hotel-Dieu, ein „fabrikmäßig" ablaufendes Sterben berichtet wird, so dass bei „so enormer Produktion der einzelne Tod nicht so gut ausgeführt (ist), aber darauf kommt es auch gar nicht an. Die Masse macht es" (S. 11), ist einerseits angedeutet, dass bei der fabrikmäßigen

Abwicklung des Todes in der Großstadt („Jetzt wird in 559 Betten gestorben.") der individuelle Eigenwert des Einzelnen entfällt, denn der Tod wird nicht mehr mit dem einzelnen Menschen in Verbindung gebracht, sondern nur noch mit einer Krankheit, denn das Sterben findet ja in einem Krankenhaus statt. Es heißt: *„Man stirbt, wie es gerade kommt*; man stirbt den Tod, der zu der Krankheit gehört, die man hat." Und in den Sanatorien „stirbt man einen von den in der Anstalt angestellten Toden; das wird gerne gesehen." Der Tod ist ein Massenphänomen, der jeden betrifft, die Armen (die „Fortgeworfenen") ebenso wie die Reichen, die sich einen „gut ausgearbeiteten Tod" eigentlich „leisten könnten. ... Der Wunsch, einen eigenen Tod zu haben, wird immer seltener." (Ebd. Hervorhebung von A.F.)

Der Beschreibung dieses anonymen Todes ist eine gewisse sarkastische Polemik eigen, die in der Art der sprachlichen Darstellung durchaus als eine gesamtgesellschaftliche Kritik gelesen werden kann. Dies ist auffällig, weil diese sich bricht an der existentiellen Angst Maltes, sein eigenes Selbst, sein Ich zu verlieren. Zu Beginn der sechsten Aufzeichnung ist zu lesen (und ich möchte das Zitat an dieser Stelle wiederholen):

> „Ich fürchte mich. Gegen die Furcht muß man etwas tun, wenn man sie einmal hat. Es wäre sehr häßlich, hier krank zu werden, und fiele es jemandem ein, mich ins Hotel-Dieu zu schaffen, so würde ich dort gewiß sterben." (S. 10)
> Und am Anfang der zehnten Aufzeichnung benennt er dieses „etwas tun":
> „Ich habe etwas getan gegen die Furcht. Ich habe die ganze Nacht gesessen und geschrieben." (S. 17)

Damit setzt Malte ein Tun, nämlich das Schreiben, einem passiven Hinnehmen entgegen. Die Furcht Maltes vor dem anonymen Tod im Krankenhaus, die er ja hier direkt benennt, und die mit der Anfahrt der Sterbenden zum Krankenhaus in den Droschken (in Aufzeichnung sechs) und mit dem fabrikmäßigen Sterben im Hotel-Dieu (in Aufzeichnung sieben) geschildert wird, erweckt in ihm Erinnerungen an das Sterben seines Großvaters Brigge und an die anderen, die „alle einen eigenen Tod gehabt (haben)" (S. 17), was er in den beiden folgenden Aufzeichnungen beschreibt. Darauf werde ich später noch genauer eingehen.

Zuvor ist es mir noch wichtig auf einige der von Malte in den Aufzeichnungen beschriebene Todesfälle hinzuweisen, die Maltes Furcht vor dem (anonymen) Tod und seine Präferenz für einen (im individuellen Leben integrierten) „eignen Tod" deutlicher zeigen.

Von seiner Todesfurcht schreibt Malte vor allem in der siebenundvierzigsten Aufzeichnung, die so beginnt:

> „Seitdem habe ich viel über die Todesfurcht nachgedacht, nicht ohne gewisse eigene Erfahrungen dabei zu berücksichtigen. Ich glaube, ich kann wohl sagen, ich habe sie gefühlt. Sie überfiel mich in der vollen Stadt, mitten unter den Leuten, oft ganz ohne Grund." (S. 147)

In dieser Aufzeichnung berichtet Malte beispielhaft von Menschen, die man zu den „Fortgeworfenen" zählen könnte, deren Sterben er in seiner Furcht auf sich zurückprojiziert: „ ... wenn zum Beispiel jemand auf seiner Bank verging und alle standen herum und sahen ihm zu, und er war schon über das Fürchten hinaus: *dann hatte ich seine Furcht.*" (S. 137. Hervorhebung, auch die in den folgenden Zitaten, von A.F.)

Es ist offensichtlich, dass Malte sich ganz in den Sterbenden einfühlen kann, wie dies auch bei dem Sterbenden in der Crèmerie der Fall ist, dass er kraft seiner Einbildung in der anderen Person aufzugehen scheint und schließlich so auf sich selbst zurückprojiziert, was aus dem im obigen Zitat hervorgehobenen Satz deutlich wird.

Im unmittelbar darauf folgenden Beispiel benennt er ebenfalls seine Furcht, die ihn in der Vergangenheit überfiel:

> „In Neapel damals, da saß diese junge Person mir gegenüber in der Elektrischen Bahn und starb. Erst sah es wie eine Ohnmacht aus, wir fuhren sogar noch eine Weile. Aber dann war kein Zweifel, daß wir stehenbleiben mußten. Und hinter uns standen die Wagen und stauten sich, als ginge es in dieser Richtung nie mehr weiter." (Ebd.)

Aber selbst die eingreifende Mutter musste schließlich vor der Unausweichlichkeit des Todes der Tochter kapitulieren. Malte beendet diesen Absatz mit: *„Damals fürchtete ich mich."* Und er setzt die Aufzeichnung fort mit: *„Aber ich fürchtete mich auch schon früher.* Zum Beispiel als mein Hund starb." Der nächste Absatz beginnt mit der Bemerkung: „Oder *ich fürchtete mich,* wenn im Herbst nach den ersten Nachtfrösten die Fliegen in die Stuben kamen und ... langsam das ganze Zimmer (bestarben)." (S. 137 f.)

Abschließend schreibt Malte davon, dass er seit seiner Kindheit, sich zu

> „fürchten gelernt (habe) mit der wirklichen Furcht, die nur zunimmt, wenn die Kraft zunimmt, die sie erzeugt. Wir haben keine Vorstellung von dieser Kraft, außer in unserer Furcht. Denn so ganz unbegreiflich ist sie, so völlig gegen uns, daß unser Gehirn sich zersetzt an der Stelle, wo wir uns anstrengen, sie zu denken. Und dennoch, seit einer Weile glaube ich, daß es *unsere* Kraft ist, alle unsere Kraft, die noch zu stark ist für uns. Es ist wahr, wir kennen sie nicht, aber ist es nicht gerade unser Eigenstes, wovon wir am wenigsten wissen?" (S. 139 f.)

In der Furcht überkommt Malte die verzweifelte Gewissheit seines eigenen Todes. Birgit Giloy schreibt dazu, dass der Tod vereinsamt und „auch in dieser Beziehung ist die unbegreifliche, das

Denken nichtende Kraft so völlig gegen *uns*, weil sie *jedes* Band zur Welt durchschneidet, von den Dingen *und* den Menschen abtrennt."[149]

Wichtig ist mir in diesem Zusammenhang noch ein Gedanke Blanchots, der – anknüpfend an die Erfahrung Maltes vor dem „unpersönlichen", also anonymen Tod – von der Entdeckung Maltes spricht, dass er (aus dieser Kraft, die ihm aus der Furcht erwächst) „nicht das Fundament seiner Kunst machen kann."

Damit knüpft er in meiner Lesart an den Gedanken in der achtzehnten Aufzeichnung des Romans an, in dem es heißt:

> „Ich bin der Eindruck, der sich verwandeln wird. Oh, es fehlt mir nur ein kleines, und ich könnte das alles begreifen und gutheißen. Nur ein Schritt, und mein tiefes Elend würde Seligkeit sein. Aber ich kann diesen Schritt nicht tun." (S. 48)

Dieses Hindurchgehen durch die verschiedenen in den Aufzeichnungen dargestellten Todesfälle weckt aber in ihm auch den Wunsch dagegen anzukämpfen, aktiv etwas gegen die Furcht zu tun und *sich dem Leben zuzuwenden*. Dies zeigt sich vor allem bei dem von ihm in der achtzehnten Aufzeichnung berichteten direkten Konfrontation mit dem sterbenden Mann in der Crèmerie, dem er sich schreibend zuwendet, und von dem er sich gleichzeitig abzuwenden versucht durch ein „anderes Schreiben". Er meint, dass es trotz seiner Furcht

> „nicht unmöglich ist, alles anders zu sehen und doch zu leben. Aber ich fürchte mich namenlos vor dieser Veränderung. ... Ich würde so gerne unter den Bedeutungen bleiben, die mir lieb geworden sind. ..." (S. 47)

---

[149] Giloy. München 1992. S. 116 f.

Der 18. Aufzeichnung des Malte-Romans kommt meines Erachtens eine besondere Bedeutung zu. Da ist einerseits die Beschreibung des *Sterbens des Fremden in der Crèmerie* vor den Augen Maltes, der die Beschreibung des blinden Blumenkohlverkäufers und das Erlebnis des abgerissenen Hauses vorausgeht und der wichtige Abschnitt mit den *Überlegungen Maltes über das Schreiben und die „Zeit der anderen Auslegung"* folgt, weshalb ich diesen Teilen dieses Abschnittes, die für mein Thema eine besondere Relevanz haben, einen eigenen Abschnitt folgen lasse.

4.4.2 Die 18. Aufzeichnung des Malte-Romans

1. *Maltes Konfrontation mit dem Sterben des Mannes in der Crèmerie und Fragen der Ichauflösung und Icherweiterung*

Bei Walter H. Sokel heißt es über den Tod des Fremden in der Crèmerie:

> „Das Sterben kommt hier von innen, es bricht aus dem Sterbenden heraus, wie der Tod des Kammerherrn. Es entfernt sein Opfer ebenso von allem Gewohnten, entfremdet der Welt, Menschen und Dingen. Andererseits ist dieses Sterben aber nicht als Frucht eines sich nach einem inneren Eigengesetz entfaltenden Organismus ... gesehen, sondern als plötzlicher Aufbruch und Einbruch im Inneren, ... als Katastrophe."[150]

Der Sterbende selbst ist für Malte anonym, ein Fremder, aber der Vorgang des Sterbens selbst ist für Malte nicht fremd. Dass die Anonymität des Todes in diesem Fall durch Maltes Darstellung selbst aufgebrochen wird, findet sich auch bei Katja Grote, die über den hier beschriebenen Todesfall schreibt, dass Malte versucht,

---

[150] Sokel. A.a.O. S. 114.

„sich in den Sterbenden hineinzuversetzen, was ihm oberflächlich zu gelingen scheint, praktisch aber nie vollzogen werden kann. Das Wechselverhältnis von Innen und Außen nimmt seine exreme Form einer Entgrenzung von Maltes Ich und seiner äußeren Welt an. Eigentlich ist der Sterbende in der Crèmerie Bestandteil der Außenwelt, doch die absolute Subjektivierung und Verinnerlichung Maltes nimmt diesen Mann gleichsam in seine Innenwelt mit auf. Er identifiziert sich vorübergehend mit dem Sterbenden, so daß er glaubt, ihn zu verstehen."[151]

Diese starke Identifizierung Maltes mit dem Sterbenden wird besonders deutlich, wenn Malte schreibt:

„Aber da fühlte ich ihn, obwohl er sich nicht rührte. Gerade seine Regungslosigkeit fühlte ich und begriff sie mit einem Schlage. Die Verbindung zwischen uns war hergestellt, und ich wußte, daß er erstarrt war vor Entsetzen über etwas, was in ihm geschah." Und dann beschreibt Malte die Möglichkeiten, (die er alle mit einem „vielleicht" einleitet) die Anlass gewesen sein könnten zum plötzlichen Tod des Mannes, wobei die letzte aufgezählte Möglichkeit sehr aufschlussreich ist und zu vielen Deutungen Anlass gegeben hat: „ ... vielleicht ging ein großes Geschwür auf in seinem Gehirn wie eine Sonne, die ihm die Welt verwandelte." (S. 46)

Die Anonymität des Sterbens wird durch Malte aufgebrochen durch die aufgeschriebene persönliche Betroffenheit dessen, was er gesehen hat und vermutet und doch aus der Distanz betrachtet:

„Ich sitze ja jetzt in meiner Stube; ich kann ja versuchen, ruhig über das nachzudenken, was mir begegnet ist. Es ist gut, nichts im Ungewissen zu lassen." (Ebd.)

Durch die Distanz, die Malte dadurch schafft, dass er anfängt zu schreiben oder immer wieder ankündigt, zu schreiben, was wie ein Rückzug wirkt aus der ihn überwältigenden Wirklichkeit, die

---

[151] Grote. A.a.O. S. 139.

ihn panikartig überfällt, durch diese im Schreiben erzeugte Distanz *versucht Malte* durch Verinnerlichung des Erlebten zu sich zu kommen, *sich als Subjekt zu retten*. Dies wird deutlich in der Schlusspassage der Aufzeichnung des Berichts über den sterbenden Fremden in der Crèmerie:

> Nachdem er über den sterbenden Mann feststellt: „So saß er da und wartete, bis es geschehen sein würde. Und wehrte sich nicht mehr", schreibt er weiter: „Und ich wehre mich noch. Ich wehre mich ... Ich sage mir: es ist nichts geschehen, und doch habe ich jenen Mann nur begreifen können, weil *auch in mir etwas vor sich geht, das anfängt, mich von allem zu entfernen und abzutrennen.*" (S. 47. Hervorhebung von A.F.)

Maltes Fähigkeit zur Erkenntnis durch Einfühlung, seine Affinität zur Situation des Sterbenden, beruht darauf, dass das außen Erkannte seinem Innern entspricht. Das „Begreifen" Maltes betrifft das „sich von allem zu entfernen und abzutrennen", was an die Beschreibung des eintretenden Todes bei dem sterbenden Mann erinnert, wo es heißt:

> *„Ja, er wußte, daß er sich jetzt von allem entfernte*: nicht nur von den Menschen. Ein Augenblick noch, und alles wird seinen Sinn verloren haben, und dieser Tisch und die Tasse und der Stuhl, an den er sich klammert, alles Tägliche und Nächste wird unverständlich geworden sein, fremd und schwer. So saß er da und wartete ..." danach kommt Maltes Aufschrei: „Ich wehre mich." (siehe Zitat oben. Ebd. Hervorhebung von A.F.)

Dies zeigt, dass die Auflösung des Subjekts (ich möchte die „Ent-Ichung", die Sokel benutzt, mal so bezeichnen) einerseits ein Vorgang ist, der den Sterbenden selbst betrifft, andererseits auch auf den Beobachter Malte wirkt. Malte versucht seinerseits durch den Aufschrei: „Ich wehre mich", sich als Selbst zu behaupten und sich wieder dem Leben zuzuwenden, andererseits wird die „Entgrenzung des Ich" deutlich, so dass das Sterben des Mannes in der Crèmerie durchaus als ein Beispiel der „Ent-Ichung" Maltes selbst angesehen werden kann. Es ist

> „ein Zeichen für den inneren Vorgang, der sich in Malte selbst vorbereitet. Dieses Sterben ist in Maltes Existenz Chiffre für das notwendige sich Ablösen von allen Beziehungen und Gewohnheiten, von allen Konventionen, Traditionellen und Vertrauten."[152]

Sokel weist mit Recht darauf hin, dass das Sterben des Mannes in der Crèmerie auch „Zeichen des Übergangs zur Braheschen Welt ist." (Ebd.)

Der „Prozeß der Ent-Ichung" von dem Sokel in seinem Aufsatz über den Malte-Roman schreibt, ist eine „Ichauflösung, die vor Maltes Augen stattfindet", wie zum Beispiel bei dem Sterben dieses Mannes oder bei dem Abschnitt, der vom Veitstänzer auf dem Boulevard Saint-Michel handelt. Von Letzterem schreibt Sokel, dass hier „das Wesen von Ich und Ent-Ichung, das der Idee des ‚Malte' zugrundeliegt, im bildhaft-dramatischen Geschehen mit besonderer Eindringlichkeit sichtbar" wird. (Ebd. S. 118)

Ich möchte auf diese von Malte (in der 21. Aufzeichnung) beschriebene Szene hier nicht detailliert eingehen, aber es ist offensichtlich, dass die Furcht vor der Meinung der Leute sowohl den Veitstänzer als auch Malte bewegt und ihr Handeln bestimmt. Malte identifiziert sich völlig mit dem Veitstänzer und projiziert seine eigenen Gedanken in ihn hinein. Maltes „eigenes Leben" liegt, wie Sokel richtig bemerkt, „gerade in dem, was er vor den Leuten zu verbergen sucht, in seinem Elend, seinem Ausgesetztsein, seiner Angst. Seine Negativität ist sein Positives. So wird auch der Veitstänzer zur Chiffre und Präfiguration von Maltes eigener Existenz." (Ebd. S. 120)

---

[152] Sokel. A.a.O. S. 116

Die *Ichauflösung* scheint tatsächlich eine Vorbedingung für etwas Neues, das sich als *Icherweiterung* darstellt. Erst als der Veitstänzer nachgibt, und ihm die Meinung der Leute gleichgültig scheint, beschreibt ihn Malte so:

> „Der Stock war fort, er spannte die Arme aus, als ob er auffliegen wollte, und es brach aus ihm aus wie eine Naturkraft und bog ihn vor und riß ihn zurück und ließ ihn nicken und neigen und schleuderte Tanzkraft aus ihm heraus unter die Menge." (S. 63)

Hier bricht vielleicht das „eigene Leben" des Veitstänzers aus, das durch das bemühte Verbergen der Krankheit vor den Augen der Leute verdrängt wurde. Vielleicht ist es so, dass das „eigene Leben" Maltes, das er so, wie er es bisher führte, nicht auftrat, dass es erst durch die Konfrontation mit dem Tod des Mannes in der Crèmerie, mit der Begegnung und Beobachtung des Veitstänzers auf den Straßen von Paris ihm bewusst wurde und mit dem aufgeschriebenen Aufschrei: „Ich wehre mich." Jedenfalls folgt auf diesen Aufschrei eine Passage, die ein „anderes Schreiben" (von sich) fordert und befürchtet. Dieser Teil der 18. Aufzeichnung soll im folgenden Abschnitt behandelt werden.

2. *Die „Zeit der anderen Auslegung". Über Schreiben und Geschriebenwerden*

Das Sich-Wehren Maltes kann verstanden werden als eine Abwehr des Ich-Verlustes und des Weltverlust, der durch den erlebten Tod anderer Befürchtungen weckt und nur bedrohlich wirkt, dem etwas Neues entgegenzusetzen wäre, das dem Leben angehört. Die Spannung zwischen der Anhänglichkeit an Überliefertes und die eingestandene Furcht vor Unbekanntem wird aus der folgenden Aufzeichnung deutlich:

> „Wie graute mir immer, wenn ich von einem Sterbenden sagen hörte: er konnte schon niemanden erkennen. Dann stellte ich mir ein einsames Gesicht vor, das sich aufhob aus Kissen und suchte, nach etwas Bekanntem suchte, nach etwas schon einmal Gesehenen suchte, aber es war nicht da. Wenn meine Furcht nicht so groß wäre, so würde ich mich damit trösten, *daß es nicht unmöglich ist, alles anders zu sehen und doch zu leben*. Aber ich fürchte mich, *ich fürchte mich namenlos vor dieser Veränderung*. Ich bin ja noch gar nicht in dieser Welt eingewöhnt gewesen, die mir gut scheint. Was soll ich in einer anderen? *Ich würde so gerne unter den Bedeutungen bleiben, die mir lieb geworden sind.*" (S. 47. Hervorhebungen von A.F.)

Die Furcht vor der Veränderung scheint Malte daran zu hindern, sie als Möglichkeit anzunehmen. Der Verlust der gewohnten Unterscheidungsmöglichkeiten, der einen Sterbenden in der Beobachtung Maltes befällt, erzeugt in Malte ein Grauen und auch die Bereitschaft „alles anders zu sehen und doch zu leben". Sokel deutet dies so, dass dafür die Selbstaufgabe des Ichs nötig wäre. Das „Anderssehen" ist „ein ent-ichtes Sehen und wird für Malte auch ein radikal anderes Schreiben und Dichten bedeuten. Sein Schreiben wird nicht mehr dem Diktat des bewußten Willens seines Ich gehorchen."[153] Wenn Malte davon schreibt: „Aber diesmal werde ich geschrieben werden. Ich bin der Eindruck der sich verwandeln wird" (S. 48), dann zeugt dies nach Sokel von der „Erahnung eines neuen Schreibens."[154] Um deutlich zu machen, was das „neue Schreiben" für Malte bedeutet, möchte ich die Aufzeichnung Maltes an dieser Stelle etwas ausführlicher zitieren:

> „Noch eine Weile kann ich das alles *aufschreiben* und sagen. Aber es wird ein Tag kommen, da meine Hand weit von mir sein wird, und wenn ich sie schreiben heißen werde, wird sie *Worte schreiben, die ich nicht meine*. Die Zeit der anderen Auslegung wird anbrechen, und es wird kein Wort

---

[153] Sokel. A.a.O. S. 117.
[154] Ebd.

auf dem anderen bleiben, und jeder Sinn wird wie Wolken sich auflösen und wie Wasser niedergehen. Bei aller Furcht bin ich schließlich doch wie einer, der vor etwas Großem steht, und ich erinnere mich, daß es früher oft ähnlich in mir war, eh ich zu schreiben begann. Aber diesmal *werde ich geschrieben werden*." (S. 47 f. Hervorhebungen von A.F.)

Zu Anfang beschreibt Malte die Situation, in der er sich befindet, da er ja mit dem *Aufschreiben* der „Aufzeichnungen" befasst ist, indem er das, was er ungeschrieben ja schon hat, nämlich *seine Beobachtungen in der Jetztzeit*, was ihm an *Kindheitserinnerungen* wichtig ist, und was er an *Angelesenem* aufgenommen hat, und was er aufschreibend wiederholt. Das Aufschreiben hat offensichtlich etwas mit einem aktiven und bewussten Beteiligtsein des Ichs Maltes zu tun, der beobachtet und sich erinnert. Das *Geschriebenwerden* ist eher ein unkontrollierter passiver Akt, und Malte scheint unfähig, „den Schritt vom Aufschreiben zum Geschriebenwerden zu tun", deshalb „schreibt Malte ab."[155] Malte schreibt dazu:

> „Da liegt es vor mir in meiner eigenen Schrift, was ich gebetet habe, Abend für Abend. Ich habe es mir aus den Büchern, in denen ich es fand, abgeschrieben, damit es mir ganz nahe wäre und aus meiner Hand entsprungen wie Eigenes." (S. 48)

Für Malte wird das Abgeschriebene durch die Wiedergabe in der eigenen Schrift beinahe zu etwas selbst Geschriebenen.

Es scheint ihm nur die Möglichkeit zu bleiben, etwas Unbekanntes, das er nicht selbst geschrieben hat, abzuschreiben, was Malte dann auch tut, einen Text von Baudelaire, nämlich ein Prosagedicht, in dem dieser genau das anspricht, was Maltes Schwierigkeit ist,

---

[155] Frey. 2003. S. 67.

die Bitte an Gott: „gewähre mir die Gnade, einige schöne Verse hervorzubringen, die mir selber beweisen, daß ich nicht der letzte der Menschen bin, und daß ich nicht niedriger bin als jene, die ich verachte!"[156]

und eine Stelle aus dem Buch Hiob der Luther-Bibel. Zum Aufschreiben und Abschreiben schreibt Hans-Jost Frey, dass auch das Schreiben von Geschriebenen eine Art von Aufschreiben ist. Seine Ausführungen zu diesem Teil der Aufzeichnungen möchte ich hier zitieren:

> „Als solches gehört es zum Festhalten am Vertrauten. ... Gleichzeitig ist aber das, was der Abschreiber schreibt ... ein Fremdes, das ihn ebenso in Besitz nimmt, wie er es aneignet. Dem abschreibend Schreibenden wird sein zu Schreibendes diktiert. Er wird von einem anderen geschrieben. Abschreiben als eine Tätigkeit, in der sich das ängstliche Bekenntnis zum Bekannten mit der Auslieferung an das Fremde verbindet, ist sowohl Aufschreiben als auch Geschriebenwerden und damit der genaue Ausdruck des Zwischenzustands, in dem Malte sich als Abschreibender befindet."[157]

4.4.3 Der Tod der beiden Großväter Maltes

1. Der Tod als „eigener Tod" des Kammerherrn Brigge

Dem Bild des anonymen Todes in der modernen Großstadt, stellt Malte in der achten Aufzeichnung den „eigenen Tod" seines Großvaters Brigge gegenüber.

Die von Rilke mehrfach benutzte Metapher vom Tod als Frucht bzw. als Kern in der Frucht soll als Anfang für eine Annäherung an diese Thematik stehen.

---

[156] Übersetzung Friedhelm Kemps in der Anmerkung aus der zitierten Reclam-Ausgabe des Romans. A.a.O. S. 256 f.
[157] Frey. 2003. S. 68 f.

In dem oben zitierten Gedicht Rilkes aus dem *Stundenbuch*, in dem bereits die „Fortgeworfenen" ein Thema Rilkes darstellen, und in dem Rilke für alle Menschen einen „eignen Tod" fordert, verwendet er die Metapher vom Tod, der die Frucht ist, um die sich alles dreht, während wir im Leben „nur die Schale und das Blatt" sind.

Im Malte-Roman heißt es, abweichend davon, dass man früher

> „den Tod *in* sich hatte wie die Frucht den Kern. Die Kinder hatten einen kleinen in sich und die Erwachsenen einen großen. Die Frauen hatten ihn im Schooß und die Männer in der Brust. Den *hatte* man, und das gab einem eine eigentümliche Würde und einen stillen Stolz, " (S. 12)

Das bedeutet, dass der Tod den Kern darstellt und das Fruchtfleisch für das Leben steht. Im Gedicht steht für den Tod noch die ganze Frucht.

Wenn man den Versuch macht diese Metaphern zu deuten, so verweist Sokel darauf, dass die

> „Fortgeworfenen, jene Elendsgestalten der Großstadt ... ‚Schalen' von Menschen (sind), d.h. ohne Kern, vom Fruchtfleisch abgezogen, nichts mehr enthaltend, jenes Selbsts entleert, das im Bilde der Frucht die Briggesche Existenz des eigenen Lebens und Todes, des unverwechselbaren, mächtigen und authentischen Einzeldaseins kennzeichnet. Jenes Brigggesche Ich war so ausgeprägt gewesen, daß es, wie die Pflanze Blüte und Frucht, *sein eigenes, von allen anderen unterschiedenes Leben und Sterben in sich trug.*"[158]

Die von mir hervorgehobene Passage macht deutlich, dass mit dem Bild der Frucht die Individualität des eigenständigen Subjekts bezeichnet ist, in dem Leben und Tod (oder vielleicht auch nur Leben und Sterben) eine Einheit bilden. Es wird damit auch deutlich, dass nur diejenigen Menschen, die überhaupt einen

---

[158] Sokel. A.a.O. S. 109.

Kern besitzen, ein eigenes Leben und einen eigenen Tod haben können, der Kern ist der Ausdruck ihrer Individualität. Bei Michaela Bertolini heißt es dazu:

> „Das Bild der Frucht, die ihren Kern in sich trägt, betont Individualität und Selbstverwirklichung als Kontrast zur Vermassung und Entfremdung. ... *Der Mensch bewahrt seine Identität noch im Sterben, er hat seinen ‚eigenen Tod'*. Diese Idee des eigenen Todes übernimmt die Funktion eines Arguments, das die Kritik am fabrikmäßigen Sterben stützen soll."[159]

Da ich bereits oben darauf hingewiesen habe, dass die Bezeichnung des Todes als „eigener Tod" für mich schon von der Begrifflichkeit her ein Paradoxon, zumindest einen Widerspruch, darstellt, weil ja durch den Tod das Subjekt, die Person verschwindet, zur Leiche, zur Nicht-Person wird, möchte ich an dieser Stelle noch einen Gedanken einfügen, das meines Erachtens das Problem deutlicher zeigt. Michael Kahl schreibt:

> „Daß *der Tod* der Kern in der Frucht des Lebens ist, bedeutet zunächst eine Umkehrung der Hierarchie von Leben und Tod. *Der Tod* ist, so sehr er als bloße Negation des Lebens erscheint, in Wirklichkeit dessen Fundament und Zentrum, ja er *wird zur Grundlage des Subjekts*."[160]

Er führt dann weiter aus, dass der Kern für die Pflanze der Mittelpunkt ihrer Existenz ist, da aus den Samenanlagen im Kern eine neue Pflanze entstehen wird. Um diesen Zweck zu erreichen, wächst die Frucht heran.

Wenn ich versuche diesen Gedanken mit der Darstellung des Todes des Kammerherrn, des Großvaters Christoph Detlev, zu verbinden, so ist zunächst festzustellen, dass *der Tod* des Kammerherrn tatsächlich im Roman *wie eine eigenständige Person er-*

---

[159] Bertolini. 1995. S. 41. Hervorhebung von A.F.
[160] Kahl. 1999. S. 178. Hervorhebung von A.F.

scheint, die ihre Umwelt im geschilderten *Vorgang des Sterbens* terrorisiert. Es heißt, dass die Stimme des Sterbenden,

> „die noch vor sieben Wochen niemand gekannt hatte: denn *es war nicht die Stimme des Kammerherrn*. Nicht Christoph Detlev war es, welchem diese Stimme gehörte, *es war Christoph Detlevs Tod*. Christoph Detlevs Tod lebte (sic!) nun schon seit vielen, vielen Tagen auf Ulsgaard und redete mit allen und verlangte." (S. 15)

Bei Sokel heißt es:

> „Der wachsende Tod usurpiert die Stelle des Ich und verdrängt es. Es ist nicht mehr Brigge, der jetzt auf Ulsgaard herrscht, sondern sein Tod. ... Dieser Tod ist die Kraft, die unserem Selbst entsprungen, dieses Selbst übersteigt und vernichtet. Die Krönung des ‚Eigenen` ist zugleich sein zerbrechen."[161]

Bei Michael Kahl heißt es dazu:

> „Die Diskontinuität zwischen Leben und Sterben, die Maltes Erzählung vom Tod des Großvaters beherrscht, scheint schlecht zu der Feststellung zu passen, die diese Geschichte illustrieren soll: Das Auftreten des Todes als fremde Person, die den Körper des Sterbenden okkupiert, stimmt kaum mit der Vorstellung vom ‚eigenen Tod' und der organischen Metaphorik von Frucht und Kern ... überein."[162]

Das Bild der Frucht, die ihren Kern in sich trägt, die mittels des Beispiels vom Tod des Großvaters Brigge begründet wird, eröffnet nicht die Möglichkeit eines ‚besseren' Sterbens – der letzte Satz der Aufzeichnung lautet: „Er starb einen schweren Tod." (S. 17) – dieses Bild führt als Metapher in eine Aporie, wie aus dem Zitat Michael Kahls deutlich wird. Das Stehenlassen der

---

[161] Sokel. 1984. S. 127 f.
[162] Kahl. 1999. S.180.

Aporie bedeutet ein Aufgeben des Gedankens eines „eigenen Todes".

Will man dies nicht, so gibt es vielleicht noch die Möglichkeit, die Kahl selbst aufzeigt, wenn er darauf hinweist, dass der im obigen Zitat formulierte Widerspruch

> „sich nur dann ergibt, wenn man davon ausgeht, daß sich der Zusammenhang von Leben und Tod in einer *Analogie*-Beziehung manifestieren müsse. Rilkes Modell funktioniert aber nach einer anderen Logik: Die Zugehörigkeit des Todes zum Leben des Subjekts schlägt sich in einer Beziehung der *Komplementarität* nieder – im Tod tritt das an einem Menschen zutage, was, wiewohl in ihm angelegt, im bisherigen Leben noch *nicht* zum Vorschein kommen konnte."[163]
>
> Der schreckliche Tod des Kammerherrn ist Bestandteil seiner Persönlichkeit, seines nicht ausgelebten Lebens. „Der Tod rundet das Leben zu einer Totalität ab, die alle Zeitpunkte des vollendeten Lebens umfaßt."[164]

Die Vorstellung einer Komplementarität ist eine literarisch durchaus plausible Sichtweise, die auch durch andere Aufzeichnungen aus dem Roman selbst gestützt werden kann, z. B. durch die Bemerkung in der neunten Aufzeichnung, in der es heißt:

> „Ja *die Kinder*, sogar die ganz kleinen, hatten nicht irgendeinen Kindertod, sie nahmen sich zusammen und *starben das, was sie schon waren, und das, was sie geworden wären.*" (S. 17. Hervorhebung von A.F.)

Offen bleibt allerdings die Frage, warum ein Analogieverhältnis, durch das ja eine Metapher konstruiert wird, sich nicht in einem Zusammenhang von Leben und Tod manifestiert, wenn sie definitionsgemäß „einen subjektiven Eindruck (wahrgenomme

---

[163] Ebd.
[164] Ebd. S 182.

Ähnlichkeit) mit konventionellen Zuordnungsmustern für die Erfassung der Außenwelt (Analogie)" verbindet?[165]

Es scheint so, dass nur ein unterstelltes Komplementaritätsverhältnis das Problem des „eigenen Todes" retten kann, weil sich nur dann das Sterben (!) des Individuums Brigge ins gesamte Leben des sterbenden Individuums integrieren lässt, es kann dann als in einem Komplementaritätsverhältnis zu seinem Leben stehend verstanden werden. Über das Verhältnis des sterbenden Menschen zum Nicht-Sein im Tod ist damit nicht entschieden (wenn mit dem Tod nicht ein Übergang in eine Art anderes Leben nach dem Tod im engeren religiösen Sinn gemeint ist, was ich für die Darstellung Maltes durch Rilke nach meiner Lesart ausschließen möchte).

Die sehr ausführliche Darstellung des Sterbens des Kammerherrn, die von Malte drastisch in ihren Auswirkungen auf ihre Umwelt dargestellt wird, und die einen sehr langen Zeitraum einnimmt, ist nicht

> „die Darstellung einer fortschreitenden Entwicklung bis zum Moment des Todes. Das Desinteresse an der linearen Abfolge von ‚Ereignissen' läßt die Geschichte vor dem erwarteten Höhepunkt abbrechen: *Der Moment des Todes taucht in Maltes Erzählung überhaupt nicht auf.* Statt linear auf das Ziel der Erzählung hinzusteuern, dehnt sich der Text in die ‚Breite' aus."[166]

Die im Zitat von mir hervorgehobene Stelle stützt mein Argument, dass – trotz der Rede vom „eigenen Tod" – mit der Forderung der Einbeziehung des Todes ins Leben eigentlich *das Hereinnehmen des Sterbens ins Leben* gemeint ist!

---

[165] So die Umschreibung der Metapher bei Bertolini. 1995. S. 39.
[166] Kahl. 1999. S. 196 f.

Wichtig wäre mir in diesem Zusammenhang noch die Einbeziehung dessen, was Blanchot in *Die Schrift des Desasters* über „Rilkes Illusion des ‚eigenen Todes'" schreibt. Die in einem Fragment dieses Buches dargestellte Sache macht meines Erachtens die Unterscheidung zwischen Sterben und Tod deutlich, die in der Rede vom „eigenen Tod" eingeebnet wird. Dazu gehört auch Heideggers Gedanke vom *Dasein als Vorlaufen zum Tod*, den Blanchot im folgenden Zitat einbezieht:

> „Sicherlich schwächt man Heideggers Denken ab, wenn man das ‚Sein zum Tode' als die Suche nach einer Authentizität durch den Tod auslegt. Das ist die Sicht eines hartnäckigen Humanismus. Schon der Begriff ‚Authentizität' entspricht nicht der ‚*Eigentlichkeit*', in der sich die späteren Zweideutigkeiten des Wortes ‚*eigen*' ankündigen, das zum ‚*Ereignis*' gehört, welches nicht im Verhältnis zum Sein gedacht werden kann. Doch selbst wenn wir Rilkes Illusion des ‚eigenen Todes' aufgeben, bleibt es dabei, daß sich in dieser Hinsicht das Sterben nicht vom ‚Persönlichen' ablöst und das vernachlässigt, was es im Tod an ‚Unpersönlichem' gibt, worauf bezogen man sagen muß, nicht ‚ich' sterbe, sondern *man* stirbt, so daß immer ein anderer stirbt."[167]

Mich vorsichtig diesem Text nähernd,[168] wird deutlich, dass sich – sowohl Heidegger als auch Rilke – in der Sicht „eines hartnäckigen Humanismus" auslegen lassen, und dass man beiden damit nicht gerecht wird: Die „Suche nach einer Authentizität durch den Tod" bei Heidegger und das Ideal eines „eigenen Todes" bei Rilke greifen zu kurz, denn die Fremdheit, das „Andere" des Todes und das „*man* stirbt", also die Deutung des Todes als das Fremde, das nicht mit dem Leben Vereinbare, das was es „im Tod an ‚Unpersönlichem' gibt", wird mit „Authentizität" und „eigenem Tod" nicht angesprochen. Allerdings ist das Sterben, das bei

---

[167] Blanchot. 2005. S. 144.
[168] Hinweisen möchte ich auf meine Ausführungen dazu oben S. 37 f.

Rilke geschildert wird, durchaus nicht abgelöst vom ‚Persönlichen', weshalb es durchaus möglich ist, durch die oben angedeutete *Komplementarität des Sterbens mit dem* gelebten (und vielleicht nicht ausgelebten) individuellen *Leben* als Versuch einer Auflösung der Aporie des „eigenen Todes" gelten zu lassen.

Else Buddeberg schreibt in ihrem Buch „Denken und Dichten des Seins. Heidegger/Rilke":[169]

> „Das Verhältnis zum Tode faßte Rilke in und bis zum ‚Malte' in die Formel vom ‚eigenen Tod' ... Sie ist immer wieder, und zwar ausschließlich, in den Darstellungen über Rilke als *die* Todesauffassung Rilkes gedeutet worden. Aber unter allen Paraphrasierungen zu diesem Thema ist man zum Kern des Problems nicht vorgedrungen."[170]

Dieses Thema bei Heidegger und bei Rilke in seinen Gedichten nach dem ‚Malte' aufgreifend, gibt sie eine aufschlussreiche Deutung, welche im Rahmen meiner Arbeit auszuführen nicht möglich ist. Trotzdem will ich einige Zitate aus ihrem Buch aufgreifen, weil sie vielleicht helfen, das von mir dargestellte Problem zu verdeutlichen. Sie schreibt z.B. und aus „Sein und Zeit" zitierend: „Der Tod ‚ist die Möglichkeit des nicht-mehr-dasein-könnens'. Und diese Möglichkeit ist eine ‚unüberholbare Möglichkeit' (danach gibt es nichts weiter) ..." (Ebd. S. 113) Und weiter: „Aus der Sorge-Struktur des Daseins ... kennzeichnet Heidegger das Sein-zum Tode als ‚Vorlaufen in die Möglichkeit', ‚als die der Unmöglichkeit der Existenz überhaupt'". (Ebd. S. 114)

Es ist mir klar, dass diese Zitate nur eine Richtung andeuten, in der eine philosophische Möglichkeit zur Darlegung des Problems angezeigt ist. Worauf es mir im Rahmen meines Themas

---

[169] Buddeberg, Else: Denken und Dichten des Seins. Heidegger/Rilke. Stuttgart. 1956.
[170] Ebd. S. 111. Anmerkung 23.

ankommt, ist die von mir schon oben angedeutete Richtung, dass der Widerspruch, der in Rilkes „Formel" vom „eigenen Tod" steckt, in der Unterscheidung zwischen dem Sterben und dem eigentlichen Bruch, der im Eintreten des Todes selbst liegt, zumindest dadurch entschärft werden kann, indem man auf die Komplementarität von Leben und Tod (im Sinne des Sterbens) verweist. Beim späten Blanchot habe ich eine Stelle gefunden, die ich abschließend zu dieser Thematik hier noch zitieren möchte. Er schreibt:

> „Es könnte im Tod etwas Stärkeres geben als den Tod: das ist das Sterben selbst – die Intensität des Sterbens ... Der Tod ist Macht ..., er setzt eine Frist, er vertagt, in dem Sinne, daß er zu einem bestimmten Tag vorlädt ... Doch das Sterben ist Nicht-Macht, es entreißt der Gegenwart, es ist immer Überschreiten der Schwelle, es schließt jede Frist aus, jedes Ende, es befreit nicht, noch bietet es Obdach. Im Tod kann man illusorisch Zuflucht nehmen, das Grab markiert das Anhalten des Sturzes, der tödliche Ausgang ist der in die Sackgasse. Sterben ist das Flüchtige, das unbestimmt, unmöglich und intensiv mit in die Flucht reißt."[171]

2. Die Einstellung des Grafen Brahe zum Leben und zum Tod

In der fünfzehnten Aufzeichnung des Romans wird der andere Großvater Maltes mütterlicherseits, Graf Brahe, in seiner Umgebung auf Urnekloster geschildert. In dieser Erzählung, die auch zu den Kindheitserinnerungen Maltes zählt, geht es um einen mehrwöchigen Aufenthalt zusammen mit seinem Vater auf dem Landsitz. Die Linearität der Zeit hat hier ihre Bedeutung verloren, und Vergangenheit, Gegenwart und Zukunft scheinen gleichwertig nebeneinander zu stehen. Über den Großvater Brahe heißt es:

---

[171] Blanchot. 2005. S. 64.

> *„Die Zeitfolgen spielten durchaus keine Rolle für ihn, der Tod war ein kleiner Zwischenfall, den er vollkommen ignorierte,* Personen, die er einmal in seine Erinnerung aufgenommen hatte, existierten, und daran konnte ihr Absterben nicht das geringste ändern. Mehrere Jahre später, nach dem Tode des alten Herrn, erzählte man sich, wie er auch das Zukünftige mit demselben Eigensinn als gegenwärtig empfand. Er soll einmal einer gewissen jungen Frau von ihren Söhnen gesprochen haben, von den Reisen eines dieser Söhne insbesondere, während die junge Dame, eben im dritten Monate ihrer ersten Schwangerschaft, fast besinnungslos vor Entsetzen und Furcht neben dem unablässig redenden Alten saß." (S. 29 f. Hervorhebung A.F.)

Diese Nichtanerkennung des Todes und des Zeitablaufs führt dazu, dass lang Verstorbene als Gäste erwartet werden und auch tatsächlich erscheinen, wie Christine Brahe, die bei der Geburt ihres zweiten Kindes gestorben war. Malte sagt von sich: „Ich wußte nicht, daß sie eine Gestorbene war. Aber mein Vater wußte es." (S. 33. f.) Dieser war auch von der dreimaligen Erscheinung der Verstorbenen im Kreis der Anwesenden äußerst beunruhigt. Die vergangene Zeit bleibt offensichtlich durchaus in der Gegenwart präsent. Dies passt auch zu der in der vierundvierzigsten Aufzeichnung erwähnten Fähigkeit des Erzählens, das „der alte Graf Brahe noch gekonnt haben" soll. (S. 124) Kahl fasst dies so zusammen:

> „Als Erzähler vermag er die abwesenden, weil vergangenen (oder zukünftigen) Gegenstände und Ereignisse *so präsent zu machen, als seien sie gegenwärtig,* denn in seinem Körper *sind* sie gegenwärtig."(Kahl. 1999. S. 189)

Sokel schreibt über das dem Briggeschen Prinzip der unaustauschbaren Individualität das dem entgegenstehende Brahesche Prinzip

„der Unaustauschbarkeit, des alle Grenzen Zerfließen-Lassens, das sich in der überquellenden Gestalt der Mathilde Brahe ebenso zeigt wie in der dämmerigen Unbegrenztheit des Saales und der Unbestimmtheit, die die Persönlichkeit des Großvaters Brahe an sich hat." (Sokel. A.a.O. S.106 f.)

Dazu passt die Bemerkung Maltes, wenn er schreibt, dass er sich nie entschließen konnte ihn Großvater zu nennen, der der Satz vorhergeht: „Mir schien es überhaupt, als ob an seiner in gewissen Momenten so scharfen und doch immer wieder aufgelösten Persönlichkeit kein bestimmter Name haften könne." (S. 28)

Die in den Familien Brigge und Brahe von Sokel entgegengesetzten Prinzipien, der „eigene Tod", also der im Kammerherrn Brigge verwirklichten absoluten Individualität und der Auflösung der Individualität in der Figur des Grafen Brahe, widmet dieser in seinem Aufsatz eine detaillierte Darstellung. (Vgl. Sokel S. 105-108) Gleichzeitig behauptet er aber auch eine Synthese beider Konzeptionen, die im Gesamtzusammenhang der ‚Aufzeichnungen' zu erkennen sei. Er schreibt:

„Hiermit sind wir bei der Synthese des Briggeschen und des Braheschen Prinzips angelangt. Unser zutiefst Eigenes, das Briggesche, ist zugleich das, was unser Ich auflöst, entgrenzt und dem Braheschen Allbezug öffnet." (Ebd. S. 127)

IV Schlussbemerkungen

Ausgehend von den Erfahrungen als Leser Blanchots, dessen Texte durchaus eine ungewohnte Eigenheit, eine Singularität kennzeichnen, möchte ich am Schluss dieser Arbeit doch einige Bemerkungen, die für mich durch die Auseinandersetzung mit seinem Schreiben wichtig geworden sind, anfügen.

Zunächst liegt mir aber daran, den Weg und die „Ergebnisse", die sich für mich zeigen, versuchen zu benennen. Wenn man, wie Blanchot dies tut, das Schreiben zu einer zentralen Tätigkeit des Lebens erklärt, das Schreiben über das Schreiben und das Schreiben selbst nur als eine Verlagerung ins Außen, dann stellen sich viele Fragen. Bei dieser Art das Schreiben, die Schrift zu favorisieren, aus dem Innen des Selbsts auszuklammern, ins Außen zu verlagern, ein „Sein der Sprache" zu postulieren, dem als geschriebene Fiktion ein Eigenleben zugestanden wird, das dem, der es geschrieben hat, also dem Schriftsteller nicht mehr zugänglich ist, weil er als schreibendes Subjekt verschwunden ist und das geschriebene Buch als désoeuvrement nur noch vom jeweiligen Leser zum Werk gemacht werden kann, dann stellen sich für mich als Leser tatsächlich viele Fragen, die – wie ich fürchte – keine Antwort finden *können*.

Diese Sichtweise über die Literatur, die als Literatur, als geschriebene Sprache, die nur noch den „Schatten einer Referenz zur Realität", zum gelebten Leben aufzuweisen scheint, stellt sich außerhalb einer kommunikativen Sprache. Sie ist in ihrer Neutralität weder durch Bejahung, noch durch Verneinung zu positivieren oder zu negieren, also „aufzuheben", schon gar nicht im Hegelschen Sinne einer Dialektik.

Da ich beide hier vorgestellten Romane versucht habe im Sinne der selbstgewählten Themenstellung des Verhältnisses von „Literatur und Tod" darzustellen, ist mir durchaus bewusst, dass andere Aspekte, die in beiden Romanen stecken, dadurch unberücksichtigt geblieben sind. Die Desiderate, die „außerhalb" geblieben sind, aufzuzählen und zu bedauern, halte ich nicht für sinnvoll.

Die Blanchot eigene „Literaturtheorie" ist davon geprägt, dass die Verbindung von Literatur und Tod bei ihm schon als der Sprache, dem Benennen immanent angesehen wird durch die Verbindung mit der These Hegels, dass schon die Benennung eine Entfernung (den Tod) der beschriebenen Dinge, Sachverhalte und Subjekte zur Folge hat.

Dass Blanchot in seinen Texten auch das Sterben und den Tod und die Bedrohlichkeit des Lebens durch den Tod zum Ausdruck bringt, vor allem in den sprachlichen Auflösungstendenzen, die sich im Roman *Le Très-Haut* zeigen, unterscheidet sich doch von den Darstellungen des Sterbens und des Todes im Malte-Roman Rilkes. Bei Rilke ist die Angst (meistens verwendet er allerdings das Wort Furcht) vor dem anonymen Sterben, also dem anonymen Tod vorherrschend, wobei er diesem einen „eigenen Tod" als ein „Idealbild" gegenüberstellt. Der Unterschied zu Blanchot scheint mir darin zu bestehen, dass dieser durch den Tod einen absoluten „Bruch" des individuellen Subjekts mit dem Leben annimmt, und ihn als das ganz Andere aus dem Leben ausklammert. Ein versöhnliches Hereinnehmen des Todes ins Leben, wie es Rilke mit der Idee des individuellen „eigenen Todes" versucht (oder wie Heidegger das Dasein als „Vorlaufen zum Tode" versteht), scheint Blanchot abzulehnen, obwohl die intensive Beschäftigung mit dieser Thematik sein ganzes Schreiben bestimmt.

Es ist mir bewusst, dass die hier von mir gemachte Gegenüberstellung der Todesauffassungen der beiden Autoren so nicht haltbar ist, da diese Darstellung eine konstante, während ihres ganzen Lebens unveränderte Auffassung der beiden Autoren zu dem Sachverhalt suggeriert oder gar festzuschreiben scheint. Dies ist sicher nicht der Fall.

Bei Rilke findet sich in seinem späteren Konzept des *„Weltinnenraums"* eine Abkehr von der Idee des „eigenen Todes" als Ideal, und eher ein Zuwenden zu dem, „wo sich unser Eigenstes von dem alle Zeitdimensionen übersteigenden Sein nicht mehr unterscheidet", wie Sokel die Auffassung des Großvaters Maltes mütterlicherseits beschreibt,[172] einer Auffassung, der Rilkes Konzept des „Weltinnenraums" sich nähert. Natürlich muss ich meine Behauptung hier als einfache These stehen lassen. Trotzdem möchte ich eine Strophe aus einem Gedicht Rilkes aus dem Jahre 1914 hier zitieren, das das Verschwimmen der Grenze zwischen Innen und Außen verdeutlicht, zumindest für mich plausibel macht. In dem Gedicht, das mit den Worten beginnt „Es winkt zur Fühlung fast aus allen Dingen", steht die Strophe:

„Durch alle Wesen reicht der *eine* Raum:
Weltinnenraum. Die Vögel fliegen still
durch uns hindurch. O, der ich wachsen will,
ich seh hinaus, und *in* mir wächst der Baum."[173]

Bei Blanchot finden sich, vor allem in seinen späteren Schriften, viele Aussagen und Varianten zum Thema Sterben und Tod, oh-

---

[172] Sokel. A.a.O. S. 128. Zum Konzept des *Weltinnenraums* kann ich hier nur verweisen, z.B. auf Beda Allemann. Pfullingen. 1961. S. 13 ff.
[173] Rilke. Werke Band 2. Darmstadt. 1996. S. 113.

ne dass es möglich wäre, *die* Auffassung Blanchots zu isolieren und fest-zu-stellen. Die auch hier zu findenden Widersprüche, die Paradoxien sind in Schriften Blanchots durchaus immer wieder zu finden. Eine (sprach) logische Auflösung ist nicht möglich.

Ein Aspekt, den ich in der vorliegenden Arbeit nicht erwähnt habe, der aber meines Erachtens für die Beurteilung der oft schwer verständlichen Sichtweise Blanchots einen „Schlüssel" darstellen könnte, ist ein kurzer Text Blanchots, den er immer wieder in seinen Schriften erwähnt und der auch in einem Sammelband ausführlich von verschiedenen Autoren analysiert wurde,[174] und den ich hier am Schluss meiner Arbeit unkommentiert zitieren möchte:

> „(Eine Urszene?) *Ihr, die ihr später lebt, Nahestehende eines Herzens, das nicht mehr schlägt, stellt euch vor: das Kind – ist es sieben, vielleicht acht Jahre alt? –, stehend, es schiebt den Vorhang beiseite und schaut durch die Fensterscheibe. Es sieht den Garten, die winterlichen Bäume, die Wand eines Hauses: während es, zweifellos in der Art eines Kindes, seinen Spielbereich sieht, wird es der Sache überdrüssig und schaut langsam hoch zum gewöhnlichen Himmel, mit den Wolken, dem grauen Licht, dem trüben Tag ohne Weite.*
> *Was dann geschieht: der Himmel, derselbe Himmel, plötzlich offen, absolut schwarz und absolut leer, enthüllt (wie durch die zerbrochene Fensterscheibe) eine solche Abwesenheit, daß alles darin seit je und für immer verloren gegangen ist, so sehr, daß sich darin das schwindelerregende Wissen bestätigt und zerstreut, daß nichts ist, was es gibt, und vor allem nichts darüber hinaus. Das Unerwartete dieser Szene (ihr Unabschließbares) ist das Glücksgefühl, das sogleich das Kind überschwemmt, die verheerende Freude, die es nur mit Tränen bezeugen kann, mit einem endlosen Tränenfluß. Man glaubt an einen Kinderkummer, man versucht es zu trösten. Es sagt nichts. Es lebt fortan im Geheimnis. Es wird nicht mehr weinen.*"[175]

---

[174] Coelen, Marcus (Hrsg.): „Die andere Urszene". Zürich-Berlin. 2008.
[175] Hier zitiert nach: Blanchot. München. 2005. S. 92 f.

Literaturverzeichnis

1. Primär- und Sekundärliteratur zu Blanchot

1.1 Verwendete Bücher und Aufsätze Maurice Blanchots

Der Allerhöchste. Berlin 2011 (Matthes & Seitz).

Das Athenäum. In: Romantik. Literatur und Philosophie. Hrsg. von Volker Bohn. Frankfurt/M. 1987. S. 107-120.

Die Frist. Frankfurt/M. 1962.

Der Gesang der Sirenen. Frankfurt/M.; Berlin; Wien 1982 (Ullstein).

Die große Verweigerung. Berlin 2007 (Henssel)

Jener, der mich nicht begleitete. Basel/Weil am Rhein 2006

L'espace littéraire. Paris 2012 (Gallimard).

Der literarische Raum. Zürich 2012 (diaphanes).

Die Literatur und das Recht auf den Tod. Berlin 1982 (merve).

Nachträglich. Die Idylle. Das letzte Wort. Zürich 2012 (diaphanes).

Das Neutrale. Zürich-Berlin 2010 (diaphanes).

Die Schrift des Desasters. Genozid und Gedächtnis. München 2005 (Fink).

Spuren. In: Der Pfahl. Jahrbuch aus dem Niemandsland zwischen Kunst und Wissenschaft. II. München 1988 (Matthes & Seitz). S. 81-83.

Thomas der Dunkle. Frankfurt/M. 1987.

Von Kafka zu Kafka. Frankfurt/M. 1993 (Fischer).

Das Unzerstörbare. Ein unendliches Gespräch über Sprache, Literatur und Existenz. München 1991 (Hanser).

Warten Vergessen. Frankfurt/M. 1964. 3. Aufl. 2006.

1.2 Verwendete Sekundärliteratur zu Blanchot

Alloa, Emanuel: „Berührung - Entblößung. Von der Pathik der Bilder bei Maurice Blanchot." In. Pathik. Konturen eines kulturwissenschaftlichen Grundbegriffs. Hrsg. Von Kathrin Busch und Iris Därmann. Bielefeld 2007 (transcript). S. 75-91.

Baranowski, Daniel: Simon Srebnik kehrt nach Chelmno zurück: Zur Lektüre der Shoah. Würzburg 2008 (Königshausen & Neumann). S. 158-199.

Bengsch, Daniel: Ich erzählt. Analysen zur Narrativik in Frankreich (1893-1964). München 2011.

Bident, Christophe: Maurice Blanchot. Partenaire invisible. Champ Vallon 2008.

Bident, Christophe: „The movements of the neuter." In: Hill, Leslie (Ed.); After Blanchot. 2005. S. 13-34.

Buddeberg, Else: Denken und Dichten des Seins. Heidegger - Rilke. Stuttg. 1956.

Bürger, Peter: „Die Nichtung im Akt des Schreibens: Maurice Blanchot." In: Ders.: Das Verschwinden des Subjekts. Frankfurt/M. 1998. S. 190-202.

Coelen, Marcus (Hrsg.): Die andere Urszene. Zürich 2008 (Diaphanes).

Fischer, Miriam: DAS UNDENKBARE DENKEN. Zum Verhältnis von Sprache und Tod in der Philosophie Maurice Blanchots. Freiburg 2006.

Foucault, Michel: „Das Denken des Außen." (1966) In: Schriften in vier Bänden. Dits et Ecrits. 1. Band. Frankfurt/M. 2001. S. 670-697.

Foucault, Michel: „Der Wahnsinn. Abwesenheit eines Werkes." In: Schriften 1. A.a.O. S. 539-550.

Frey, Hans-Jost: Maurice Blanchot. In: Schweizer Monatshefte. 43. Jg. April 1963 - März 1964. S. 95-101.

Frey, Hans-Jost: Lesen und Schreiben. Basel/Weil am Rhein. 2003.

Frey, Hans-Jost: Maurice Blanchot: Das Ende der Sprache schreiben. Basel/Weil am Rhein 2007.

Gelhard, Andreas: Das Denken des Unmöglichen. Sprache, Tod und Inspiration in den Schriften Maurice Blanchots. München 2005 (Fink).

Hartmann, Geoffrey H.: „Der Geist des Maurice Blanchot." In: Bruchlinien. Tendenzen der Holocaustforschung. Hrsg.von G. Koch. Köln 1999, S. 147-161.

Hölz, Karl: Blanchot - Die Umgrenzung des Ursprungs. In: Ders.: Destruktion und Konstruktion. S. 117-158. Frankfurt/M. 1980.

Keller Luzius: „Maurice Blanchot: Thomas l'Obscur." In: Der moderne französische Roman. Interpretationen. Hrsg. von Walter Pabst. Berlin 1968 (Erich Schmidt Verlag). S. 182-197.

Klöppel, Peter: Die Agonie des Subjekts. Das Ende der Aufklärung bei Kafka und Blanchot. Wien 1991 (Passagen).

Poppenberg, Gerhard: Ins Ungebundene. Über Literatur nach Blanchot. Tübingen 1993.

Poppenberg, Gerhard: Nachwort zu Blanchot: Die Schrift des Desasters. S. 178 ff.

Obergöker, Timo: „Totalitär krank. Krankheit und absoluter Staat in Maurice Blanchots Le Très-Haut." In: Literarische Gegenbilder der Demokratie. Beiträge zum Franko-Romanisten-Kongress in Freiburg/Br. 2004. Hrsg. von Brigitte Sändig u.a. Würzburg 2006. S. 123-132.

Stillers, Rainer: Thomas l'Obscur. Erst- und Zweitfassung als Paradigmen des Gesamtwerks. Frankfurt/M. Bern 1979 (Peter Lang).

2. Primär- und Sekundärliteratur zu Rilke

2.1 Verwendete Primärliteratur von R. M. Rilke

Kommentierte Ausgabe in vier Bänden. Hrsg von Manfred Engel und Ulrich Fülleborn. Darmstadt 1996.

Die Aufzeichnungen des Malte Laurids Brigge. Hrsg. von Manfred Engel. Stuttgart 1997 (Reclam)

Die Aufzeichnungen des Malte Laurids Brigge. Das Manuskript des „Berner Taschenbuchs". Faksimile und textgenetische Edition. Hrsg. von Thomas Richter und Franziska Kolb. Göttingen 2012 (Wallstein).

Briefe. Bd. 1.Hrsg. von Horst Nalewski. Frankfurt/M. 1991.

Rainer Maria Rilke und Marie von Thurn und Taxis: Briefwechsel. Bd. 1. Zürich 1951

2.2 Verwendete Sekundärliteratur zu Rilke

Allemann, Beda: Zeit und Figur beim späten Rilke. Pfullingen 1961 (Neske).

Bertolini, Michaela: Dissonanzen in Orpheus' Gesang: Untersuchungen zur Polemik im Prosawerk Rainer Maria Rilkes. St Ingbert 1995 (Röhrig).

Dembski, Tanja: Paradigmen der Romantheorie zu Beginn des 20. Jahrhunderts. Lukács, Bachtin und Rilke. Würzburg 2000 (Königshausen & Neumann).

Engel, Manfred (Hrsg.): Rilke Handbuch. Leben - Werk - Wirkung. Stuttgart 2004 (Metzler).

Engelhardt, Hartmut (Hrsg.): Materialien zu Rainer Maria Rilke „Die Aufzeichnungen des Malte Laurids Brigge." Frankfurt/M. 1974.

Giloy, Birgit: Die Aporie des Dichters. Rainer Maria Rilkes „Aufzeichnungen des Malte Laurids Brigge." München. 1992.

Grote, Katja: Der Tod in der Literatur der Jahrhundertwende. Der Wandel der Todesthematik in den Werken Arthur Schnitzlers, Thomas Manns und Rainer Maria Rilkes. Frankfurt/M. 1996 (Peter Lang Verlag).

Kahl, Michael: Lebensphilosophie und Ästhetik. Zu Rilkes Werk 1902-1910. Freiburg i. Br. 1999. (Rombach).

Martini, Fritz: „Die Aufzeichnungen des Malte Laurids Brigge." In: Ebd.: Das Wagnis der Sprache. Suttgart 1961. 4. Auflage. S. 133-175.

Petersen, H. Jürgen: Der deutsche Roman der Moderne. Stuttgart 1991 (Metzler).

Darin: Der Leser als Souverän: Rainer Maria Rilkes „Die Aufzeichnungen des Malte Laurids Brigge" und Carl Einsteins „Bebuquin oder die Dilettanten des Wunders." S. 68-98.

Ryan, Judith: „‚Hypothetisches Erzählen': Zur Funktion von Phantasie und Einbildung in Rilkes ‚Malte Laurids Brigge'." In: Materialien. A.a.O. S. 244-279.

Sokel, Walter H.: „Zwischen Existenz und Weltinnenraum: Zum Prozeß der Ent-Ichung im Malte Laurids Brigge." In: Rilke heute. Hrsg. von H. Solbrig u.a. Frankfurt/M. 1975. S.105-129.

Walisch, Raoul: „daß wir nicht sehr verläßlich zu Haus sind in der gedeuteten Welt". Untersuchungen zur Thematik der gedeuteten Welt in Rilkes „Die Aufzeichnungen des Malte Laurids Brigge", „Duineser Elegien" und spätester Lyrik. Würzburg 2012. (Königshausen & Neumann).

Wiel, Jan: Poetologische Fiktion. Die Selbstreflexive Künstlererzählung im 20. Jahrhundert. Heidelberg 2010.

3 Sonstige verwendete Literatur

Barthes, Roland: Am Nullpunkt der Literatur. Frankfurt/M. 1982.

Bonnefoy, Yves: Das Unwahrscheinliche oder die Kunst. München 1994 (Fink).

Bossinade, Johanna: Pststrukturalistische Literaturtheorie. Stuttgart 2000.

Brune, Carlo: Roland Barthes: Literatursemiologie und literarisches Schreiben. Würzburg 2003 (Könighausen & Neumann).

Descombes, V.: Dasselbe und das Andere. Frankfurt/M. 1981.

de Man, Paul: Allegorien des Lesens. Frankfurt/M. 1984.

Kurz, Gerhard: Metapher, Allegorie, Symbol. Göttingen 1982.

Metzlers Lexikon Literatur- und Kulturtheorie. 5. Aufl. Stuttgart/Weimar. 2013.

Metzlers Lexikon Literatur. 3. Auflage. Stuttgart/Weimar 2007.

Moebius, Stephan: Die Zauberlehrlinge. Konstanz 2006.

Münchberg, Katharina: „Präsenz und Reflexion, Prosa und Poesie in Valérys *Rhumbs*". In: Forschungen zu Paul Valéry. Bd. 24. Kiel 2012. S. 71-87.

Schmid, Ulrich: Literaturtheorien der Gegenwart. Stuttgart 2010 (Reclam).

***ibidem*-**Verlag
Melchiorstr. 15
D-70439 Stuttgart
info@ibidem-verlag.de

www.ibidem-verlag.de
www.ibidem.eu
www.edition-noema.de
www.autorenbetreuung.de

www.ingramcontent.com/pod-product-compliance
Lightning Source LLC
Chambersburg PA
CBHW071940240426
43669CB00048B/2474